Kohlhammer

Arbeitsplatz Diakonie

Herausgegeben vom Diakonischen Werk
der evangelischen Kirche in Württemberg e. V.

Band 3

Kornelius Knapp

Gesundes Arbeiten in der Sozialwirtschaft gestalten

Antworten auf den demografischen Wandel

Verlag W. Kohlhammer

Dieser Band entstand im Rahmen des Projekts „Chronos – den demografischen Wandel gestalten". Das Projekt und die Erstellung des Bandes wurden im Rahmen des Programms „rückenwind – Für die Beschäftigten in der Sozialwirtschaft" durch das Bundesministerium für Arbeit und Soziales und den Europäischen Sozialfonds gefördert.

Das Programm „rückenwind – für die Beschäftigten in der Sozialwirtschaft" ist ein Förderprogramm zur Personalentwicklung in der gemeinnützigen Sozialwirtschaft. Es wurde gemeinsam vom Bundesministerium für Arbeit und Soziales (BMAS) und der Bundesarbeitsgemeinschaft der Freien Wohlfahrtspflege e. V. (BAGFW) entwickelt. Gefördert wird es im Rahmen der Förderperiode 2007–2013 aus Mitteln des Europäischen Sozialfonds (ESF) und aus Bundesmitteln. Näheres unter www.bagfw-esf.de.

© 2013 W. Kohlhammer GmbH Stuttgart
Inhaltliches Lektorat: Sabine Hettinger, Stäudach 129, 72074 Tübingen
Stilistisches Lektorat: Dr. Susanne Mädger, Karlsbader Str. 25, 70372 Stuttgart
Umsetzung der Grafiken und Tabellen:
We & Me Design Studio, Fraasstr. 12a, 70184 Stuttgart
Umschlag: Gestaltungskonzept Peter Horlacher
Satz: michon, Wickerer Weg 19, 65719 Hofheim/Ts.
Gesamtherstellung:
W. Kohlhammer Druckerei GmbH + Co. KG, Stuttgart
Printed in Germany

ISBN 978-3-17-022648-7

Inhalt

Vorwort:
BELEV – ein herzlich eigenwilliger Weg

Vorwort von
Hans Martin Hasselhorn und
Sascha Schmidt

Die Projektgruppe von Chronos, die ein Konzept für Gesundes Arbeiten entwickeln wollte, hat schon in einem sehr frühen Projektstadium begonnen, uns um Rat zu fragen: Uns, das war damals die Arbeitsgruppe Empirische Arbeitsforschung an der Bergischen Universität Wuppertal. Wir hatten zu diesem Zeitpunkt bereits eine Menge Erfahrung mit Beschäftigtenbefragungen zu Arbeit, Gesundheit und Wohlbefinden im Gesundheitsdienst gesammelt und waren über die 3Q-Studie der Johanniter Seniorenhäuser GmbH unmittelbar in die Rückmeldung von Befragungsergebnissen in die Einrichtungen eingebunden. Also kannten wir die Themen, die Instrumente und die Techniken gut, die für solche Erhebungen im Gesundheitsdienst geeignet und sinnvoll sind. Unser Rat wurde von der Teilprojektgruppe von Chronos, die im Verlauf der Zeit für ihr Konzept den Namen „BELEV" fand, mit großem Interesse und dankbar aufgenommen.

Normalerweise ist es nach einer solchen Beratung so, dass man entweder gar nichts mehr von den Anfragenden hört, oder dass unser Rat einfach angenommen und umgesetzt wird. Bei BELEV war es anders. Im Abstand von einigen Monaten kamen immer wieder einzelne Anfragen, immer differenzierter, die immer ausführlicher zu beantworten waren. BELEV hinterfragte vieles und entwickelte langsam und stetig ein ganz eigenes Konzept, ein BGM-Projekt auf Basis des Konzepts der Salutogenese von Antonovsky. Dazu mussten die drei Prinzipien der Salutogenese mit fünf Handlungsfeldern verknüpft und die entsprechende Matrix mit inhaltlichen Fragen gefüllt werden. Gleichzeitig wollte man auf wichtige von uns vorgeschlagene Konstrukte wie „Arbeitsfähigkeit" nicht verzichten. Irgendwann kam dann der kritische Punkt und die Frage: Geht das denn alles noch? Wie können wir so viele verschiedene Aspekte in einem einzigen Fragebogeninstrument abfragen, ohne zu riskieren, dass es viel zu lang wird? Müssen wir eigentlich alle Fragen eines Konstrukts aufnehmen? Müssen wir immer alles eins zu eins übernehmen? Können wir uns nicht auch einzelne Fragen selbst auswählen oder sogar selbst ausdenken? Diese Fragen stellten sie einem Experten an einer anderen Universität und der hat dann wohl geantwortet: „Nein, das können Sie vor allem deshalb nicht, weil sonst keine Vergleichswerte zur Verfügung stehen". Und dann fragten sie wieder uns.

Nun hatten wir ja auch schon eine Menge Erfahrung mit der Rückmeldung und Umsetzung von Ergebnissen und hatten daraus eine weitere – aber essenzielle – Erkenntnis gewonnen, die wir dem BELEV-Team weitergaben: Fragebogen und deren Ergebnisse sind wichtig, aber wichtiger sind

- die Absicht, mit der man die Beschäftigtenbefragung durchführt,
- der Rückhalt, den sie oben und unten im Betrieb hat und
- die Ressourcen, die für Ergebnisumsetzung und Nachhaltigkeit bereitgestellt werden.

Im weiteren Projektverlauf von BELEV hatten wir den Eindruck gewonnen, dass das Team das Projekt besonders engagiert und mit großem Respekt für die Mitarbeitenden der Einrichtungen konzipiert hat. Sie wollten ihnen nicht nur das Projekt schmackhaft und verständlich machen, sondern sie wollten die Mitarbeitenden explizit an der Umsetzung der Ergebnisse beteiligen.

Dieses Engagement des BELEV-Teams, die Passung der Werte dieses eigenen BGM-Konzepts zu den Werten einer diakonischen Einrichtung und diese guten Rahmenbedingungen erschienen uns wichtiger als ein methodisch perfektioniertes, aber dann vielleicht doch eher unpassendes Erhebungsinstrument. So sagten wir: „Ja, Ihr könnt die Fragen verändern und Ihr könnt Euch eigene Fragen ausdenken! Wichtig ist, wie Ihr mit den Fragen und deren Ergebnissen umgeht." Ergebnisse von Fragebogenfragen geben nicht die betriebliche Wirklichkeit wider, sondern man versucht, sich mit ihrer Hilfe der Wirklichkeit zu nähern. Fragen geben also Impulse. Die Beschäftigten müssen die Möglichkeit erhalten, diese Impulse aufzunehmen, mit ihrer eigenen Wirklichkeit zu vergleichen und weiterzuentwickeln. Wo dann erforderlich, muss Raum gegeben werden für die Umsetzung von Impulsen in Handlung. Das Konzept von BELEV fördert genau diesen Prozess.

Ob BELEV nachhaltig ist, muss sich in Zukunft zeigen, aber der Wille hierzu ist – jedenfalls für uns – deutlich sichtbar geworden. Hinzu kommt noch ein weiterer – für uns ganz neuartiger – Punkt: nämlich der stolze Wille des Teams zur „Verwertung" der Ergebnisse, das heißt der Verbreitung von Idee und Inhalten des Konzepts. Belege hierfür sind, dass das von ihnen entwickelte BELEV Spiel inzwischen auch für andere Träger und Einrichtungen zu erwerben ist und ebenso die (erfolgreiche) Bewerbung um Auszeichnungen.

Abschließend bleibt festzuhalten, dass uns das Team von BELEV inzwischen nur noch ganz selten fragt. Es sieht so aus, als wäre BELEV vom Schüler zum Lehrer geworden.

Wir wünschen dem Team und dem Projekt weiterhin viel Erfolg.

Apl. Prof. Dr. med. Hans Martin Hasselhorn,
Bundesanstalt für Arbeitsschutz und Arbeitsmedizin, Leiter Fachbereich
3 „Arbeit und Gesundheit", Berlin

Sascha Schmidt, RN, MScN
Universität Witten/Herdecke, Fakultät für Gesundheit, Department für
Pflegewissenschaft

Legende

 Praxisbeispiel

 Wichtig

 Tipp

1. Einleitung

1.1 Demografischer Wandel und Gesundheitsförderung

Der demografische Wandel bringt es mit sich, dass weniger junge Menschen heranwachsen und das Durchschnittsalter der Bevölkerung steigt. Dies prägt auch die Arbeitswelt. Der Wettbewerb um Nachwuchskräfte wird härter und das Durchschnittsalter der Belegschaften steigt.

Während noch vor wenigen Jahren ältere Beschäftigte möglichst frühzeitig in den Ruhestand überführt wurden, werden sie inzwischen angesichts des Personalmangels in immer mehr Hilfebereichen der Sozialwirtschaft zunehmend als erfahrene Leistungsträger geschätzt. Die Altersteilzeit wurde von der beruflichen Integration älterer Mitarbeitender abgelöst, was den Anstieg des Durchschnittalters der Mitarbeitenden verstärkt. Die Förderung der Gesundheit der Mitarbeitenden wird damit zu einer entscheidenden Strategie zur Sicherung der Fach- und Führungskräftebasis.

In diesem Sinne hat das Diakonische Werk Württemberg ein Konzept entwickelt, mit dem diakonische Einrichtungen und Dienste die Förderung der Gesundheit der Mitarbeitenden planvoll angehen und umsetzen können.

1.2 Entstehung des Konzepts BELEV

Das Konzept „BELEV – Gesundes Arbeiten gestalten", das im vorliegenden Leitfaden beschrieben wird, wurde im Rahmen des Projekts „Chronos – den demografischen Wandel gestalten" entwickelt. Durchgeführt wurde das Projekt vom Diakonischen Werk der evangelischen Kirche in Württemberg in Kooperation mit der Bundesarbeitsgemeinschaft Evangelische Jugendsozialarbeit (BAG EJSA). Gefördert wurde das dreijährige Projekt vom Bundesministerium für Arbeit und Soziales und aus Mitteln des Europäischen Sozialfonds.

Das Konzept BELEV ist das Resultat eines intensiven Entwicklungsprozesses, an dem sich unterschiedliche Akteure aus der Diakonie beteiligt haben. Die Geschäftsführungen, Führungskräfte sowie Personalentwicklerinnen und -entwickler von Trägern unterschiedlicher Hilfebereiche haben sich unter Leitung des Autors zusammengeschlossen, um eine praxisnahe Form des betrieblichen Gesundheitsmanagements zu entwickeln, die den Anforderungen und den Möglichkeiten in diakonischen Einrichtungen und Diensten gerecht wird.

Punktuell unterstützt durch die Expertise von Hochschulen und wissenschaftlichen Instituten sowie von externen Beratern wurde eine Systematik entwickelt, die helfen soll, die verschiedenen Dimensionen von gesundem Arbeiten im Blick zu behalten.

1.3 Aufbau des Leitfadens

Das Konzept erhebt den Anspruch, alle relevanten Felder der Gesundheitsförderung in den Blick zu nehmen und nach einheitlichen Kriterien zu bewerten. Dadurch soll das Konzept für die Akteure in der Praxis leicht verständlich und gut umsetzbar sein.

Der Leitfaden richtet sich an betriebliche Akteure in der Sozialwirtschaft, die die betriebliche Gesundheitsförderung in ihren Einflussbereichen stärken und ausbauen wollen. Ihnen soll der Leitfaden als praktische Umsetzungshilfe dienen.

In Kapitel 2 finden sich zunächst Argumente für die erforderliche und mitunter nicht leichte Überzeugungsarbeit gegenüber Mitarbeitenden, Kolleginnen und Kollegen sowie Vorgesetzten. Denn immer wieder wird die Relevanz der Gesundheitsförderung angesichts konkreter Anforderungen verschoben, auf Eis gelegt oder schlichtweg vergessen. Es wird gezeigt, warum es wichtig und lohnenswert ist, die Gesundheitsförderung als ein dauerhaftes Bemühen aufzufassen, das alle Hierarchieebenen und alle betrieblichen Prozesse tangiert.

Im weiteren Verlauf wird das konkrete Modell vorgestellt (Kapitel 3), das den Anspruch erhebt, in sich konsistent und leicht verständlich zu sein. Es soll einerseits helfen zu zeigen, welche Fortschritte im Bereich der Gesundheitsförderung bereits realisiert sind und was vielleicht nicht mehr thematisiert werden muss. Andererseits soll es aber auch dabei helfen, drängende Handlungsbedarfe deutlich zu machen und aufzeigen, wie diese bearbeitet werden können.

In Kapitel 4 sind konkrete Hinweise dazu enthalten, wie die betriebliche Gesundheitsförderung in den eigenen Strukturen entwickelt und umgesetzt werden kann. Hierbei sollen anwendbare und erprobte Prozessbeschreibungen helfen, die sich auf unterschiedliche Kontexte anwenden lassen.

Aufbauend darauf wird in Kapitel 5 beschrieben, wie diakonische Einrichtungen das Modell in ihren Kontexten umgesetzt und zum Leben erweckt haben. Zwar haben sich alle Einrichtungen von demselben Konzept leiten lassen und sind in ganz ähnlicher Weise vorgegangen, doch haben sie ganz unterschiedliche thematische Akzente gesetzt. Während eine Einrichtung die Führungskompetenz ins Zentrum gestellt hat, ging es in anderen Einrichtungen eher um Teamstrukturen oder um die Arbeitsorganisation. Indem die unterschiedlichen inhaltlichen Akzente ihre Verbindung über das gemeinsam leitende Konzept finden, können sie als Anregung und Hilfestellung für weitere Einrichtungen dienen, die ebenfalls das Konzept anwenden wollen.

Im Rahmen der Beschreibungen der Aktivitäten der Modellbetriebe sind viele kleinere und größere Maßnahmen genannt. Keine dieser Maßnahmen wird in anderen Kontexten in gleicher Weise realisiert werden können. Sie können jedoch als Anregung dienen, welche Möglichkeiten sich mit der Auswahl bestimmter Maßnahmen bieten. Die Verschiedenheit macht deutlich, wie facettenreich die Anwendung des beschriebenen Konzepts sein kann.

Kapitel 6 des Leitfadens bietet eine kleine Sammlung von Hilfsmitteln und Zusatzinformationen, die bislang zur Unterstützung bei der Umsetzung des Konzepts entwickelt und angewendet wurden. Insbesondere werden zwei Tools vorgestellt:

- BELEV – die Befragung: Die Befragung der Mitarbeitenden greift das Konzept auf und erlaubt differenzierte Aussagen zu den Handlungsbedarfen in den Einrichtungen.
- BELEV – das Spiel: Das Spiel für Workshops und Klausuren kann sowohl dazu dienen, Mitarbeitenden und Führungskräften die Systematik des Konzepts nahezubringen, als auch dazu, mit relativ wenig Aufwand kooperativ im Team erforderliche Maßnahmen zu entwickeln.

Mit den Tools und Umsetzungshilfen soll der Leitfaden all diejenigen auf betrieblicher Ebene unterstützen, welche die Gesundheit von Mitarbeitenden stärken wollen. Sie sollen die nötigen Informationen und Hilfsmittel bekommen, damit sie dieses komplexe Thema gut bewältigen können.

2. Demografischer Wandel und Gesundheitsförderung

Die Sozialwirtschaft hat sich in allen Hilfebereichen in den letzten Jahren radikal verändert. Durch den Wandel von der Kostendeckung zur Kostenerstattung wurde die Refinanzierung der Arbeit knapper und aufgrund der Gleichstellung freigemeinnütziger und privater Anbieter verschärfte sich der Wettbewerb zwischen den Trägern. Eine Folge davon ist, dass sich in der Sozialwirtschaft die Arbeit zunehmend verdichtet hat. Die Anforderungen der Arbeit und infolgedessen auch die Beanspruchungen für die Mitarbeitenden sind kontinuierlich gestiegen. In kürzerer Zeit sind mit weniger Personal komplexere Aufgaben zu erledigen. Dieser Trend ist mit Blick auf die Altenhilfe immer wieder in der Öffentlichkeit bekannt geworden. Bezüglich der Jugendhilfe und der Behindertenhilfe etwa ist diese Entwicklung jedoch bislang noch kaum in den Medien diskutiert worden.

Eine Umkehr dieses Trends ist gegenwärtig nicht absehbar. Im Gegenteil: Durch die Auswirkungen des demografischen Wandels werden die Mitarbeitenden weiter in hohem Maß beansprucht.

2.1 Der demografische Wandel in der Sozialwirtschaft

Einen demografischen Wandel hat es zu jeder Zeit gegeben. Immer wieder haben sich die Strukturen in der Bevölkerung verändert und verschoben. Eine einheitliche und gleichbleibende Gesellschaft gab es vermutlich nie. Die derzeitigen Veränderungen in der Gesellschaft haben jedoch eine Dimension, die für die Arbeitswelt insgesamt von großer Bedeutung ist. Seit 1975 liegt die durchschnittliche Geburtenrate je Frau unter 1,5 Kindern (für die Erhaltung des Bestands der Bevölkerung wären 2,1 erforderlich) (Quelle: Statistisches Bundesamt). Aufgrund dieser lang anhaltenden Entwicklung kommt es in Deutschland zu weitreichenden Veränderungen.

Mit vier Trends, die große Auswirkungen auf die Arbeit in der Sozialwirtschaft haben, lässt sich der demografische Wandel in Deutschland beschreiben:

- Direkte Folge der geringen Geburtenquote ist die abnehmende Zahl von Kindern und Jugendlichen. In Abbildung 1 ist dies durch die blaue Schraffierung dargestellt. Die Tatsache, dass die geringe Geburtenquote bereits in der zweiten Generation auftritt, verstärkt den Trend. Dieser Wandel verstärkt sich weiterhin dadurch, dass Kinder, die in den

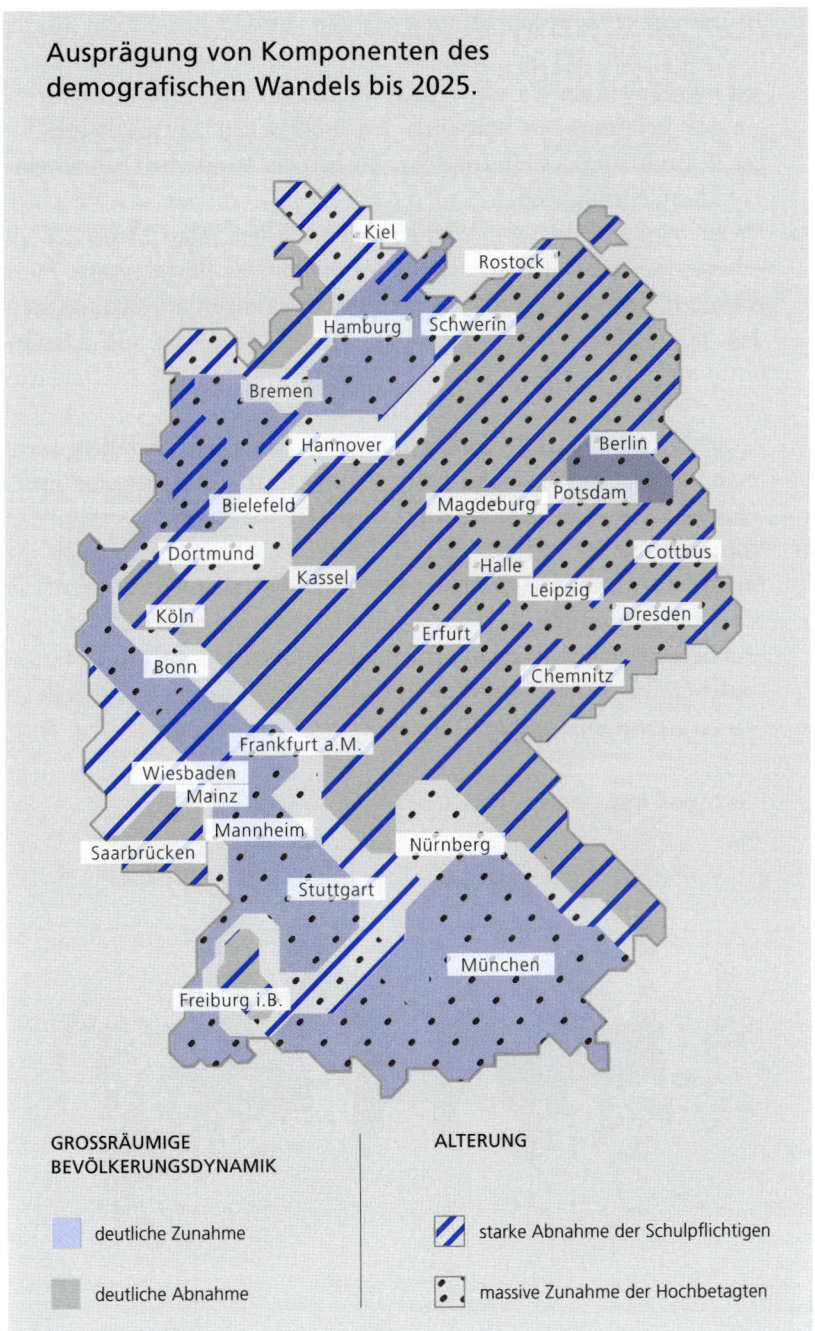

Abb. 1: Ausprägung von Komponenten des demografischen Wandels in den Regionen Deutschlands bis 2025. Quelle: Bevölkerungsprognose des Bundesinstituts für Bau-, Stadt- und Raumforschung (BBSR) 2005–2025.

1970er- und 1980er-Jahren nicht geboren wurden, heute nicht Mütter und Väter sein können. Die Alterspyramide hat sich bei den jüngeren Jahrgängen immer weiter ausgedünnt. Bislang zeichnet sich trotz einiger Bemühungen vonseiten der politischen Entscheidungsträger (Einführung des Elterngeldes, Ausbau der Kinderbetreuung) eine Trendumkehr nicht ab.

- Da zu wenige Kinder zur Welt kommen, sterben mehr Menschen als geboren werden. Die Folge ist die Abnahme der Bevölkerung. Zwar könnte dieser Trend durch Migrationsbewegungen aufgehalten werden, doch ist der Zuzug nach Deutschland zu gering, um das Geburtendefizit auszugleichen. Die Bevölkerungszahl ist in Deutschland rückläufig. Seit 2008 kann auch die Migration aus dem In- und Ausland die zu geringe Geburtenquote in Baden-Württemberg nicht mehr ausgleichen, sodass auch hierzulande die Bevölkerung abnimmt. (Quelle: Statistisches Landesamt Baden-Württemberg)

- Kommen weniger Kinder auf die Welt, verschieben sich auch die Mehrheitsverhältnisse der Alterskohorten. Der Anteil der Älteren in der Bevölkerung steigt. Während die Gruppe der unter 20-Jährigen und der 20- bis 65-Jährigen zahlenmäßig abnimmt, wächst die Gruppe der 65- bis 80-Jährigen und die der über 80-Jährigen bis 2060 deutlich an (vgl. Abbildung 2).

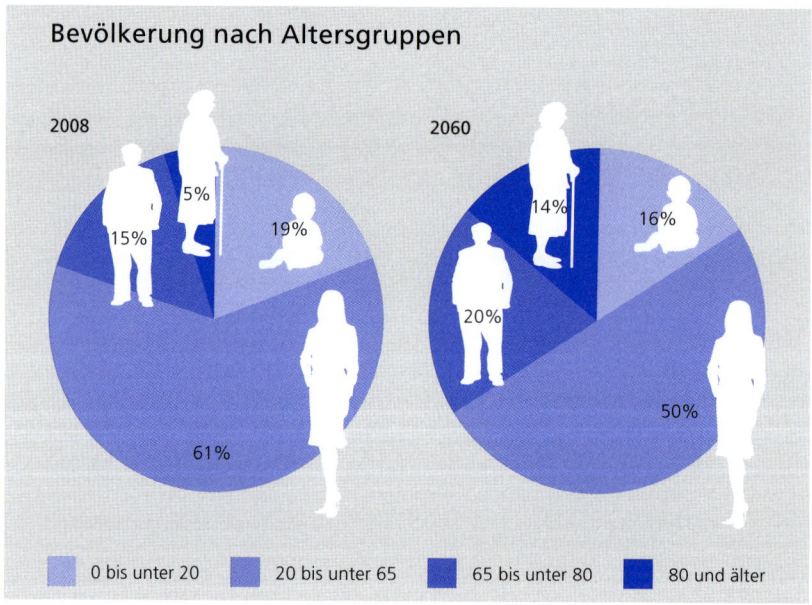

Abb. 2: Bevölkerungsentwicklung, dargestellt an unterschiedlichen Altersgruppen. Quelle: Destatis 2009: 16.

● Noch nie waren so viele Menschen in Deutschland über 65 oder über 85 Jahre alt wie heute. Ihre Zahl steigt nicht nur im Vergleich zu den Jüngeren, sondern auch absolut – nicht zuletzt aufgrund des medizinischen Fortschritts.

In Abbildung 1 ist deutlich sichtbar, dass die demografischen Trends regional sehr unterschiedlich verlaufen. Nicht alle Gebiete sind demnach in gleicher Weise und Intensität von den Veränderungen betroffen, aber in kaum einer Region bleibt die Zusammensetzung der Bevölkerung unverändert.

Viele Prognosen der Wissenschaft sind sehr fehleranfällig, da sie von fraglichen oder veränderlichen Voraussetzungen ausgehen. Dies gilt jedoch nicht für den demografischen Wandel. Die diesbezüglichen Aussagen über die Veränderung der Bevölkerung sind gewiss: Menschen, die heute nicht geboren werden, stehen künftig auf dem Arbeitsmarkt nicht zur Verfügung, und Menschen, die heute zu den Leistungsträgern in den sozialen Einrichtungen und Diensten gehören, werden beispielsweise in 15 Jahren in den Ruhestand gehen und von denjenigen ersetzt werden müssen, die heute schon geboren sind.

Auch wenn sich nicht alle Einflussfaktoren exakt bestimmen lassen (künftige Migration, Geburtenrate, Lebenserwartung, Renteneintrittsalter, etc.), kann doch fest davon ausgegangen werden, dass sich die demografischen Trends weiter ausprägen werden.

Wie in Abbildung 3 ablesbar, wird sich also der Trend der Abnahme der Bevölkerung weiter fortsetzen. Wie schnell dies geschieht, hängt beispielsweise von der künftigen Geburtenrate und den Migrationsbewegungen ab. In jedem Fall hat es jedoch Auswirkungen auf die Sozialwirtschaft sowohl mit Blick auf die Klienten als auch auf die Mitarbeitenden. Je nach Hilfebereich sind die demografischen Trends schon jetzt mehr oder weniger sichtbar.

Veränderungen auf Seiten der Klienten

Die Zunahme der älteren und hochbetagten Menschen in der Bevölkerung wird der Altenhilfe in den nächsten Jahrzehnten große Wachstumschancen bieten. Schon heute entstehen viele – mancherorts auch zu viele – Alten- und Pflegeheime. Die Branche wächst deutlich schneller, als zusätzliche Arbeitskräfte gewonnen werden können. Längst ist ein Fachkräftemangel vorhanden, der in den nächsten Jahren noch deutlich zunehmen wird. Gegenüber 2007 werden sich die Pflegefälle bis 2050 von 2,2 auf 4,4 Millionen verdoppeln. Entsprechend wird der Bedarf an Pflegekräften zunehmen (Hackmann 2010: 236). Woher die vielen Pflegekräfte gewonnen werden können, die in den nächsten Jahren und Jahrzehnten benötigt

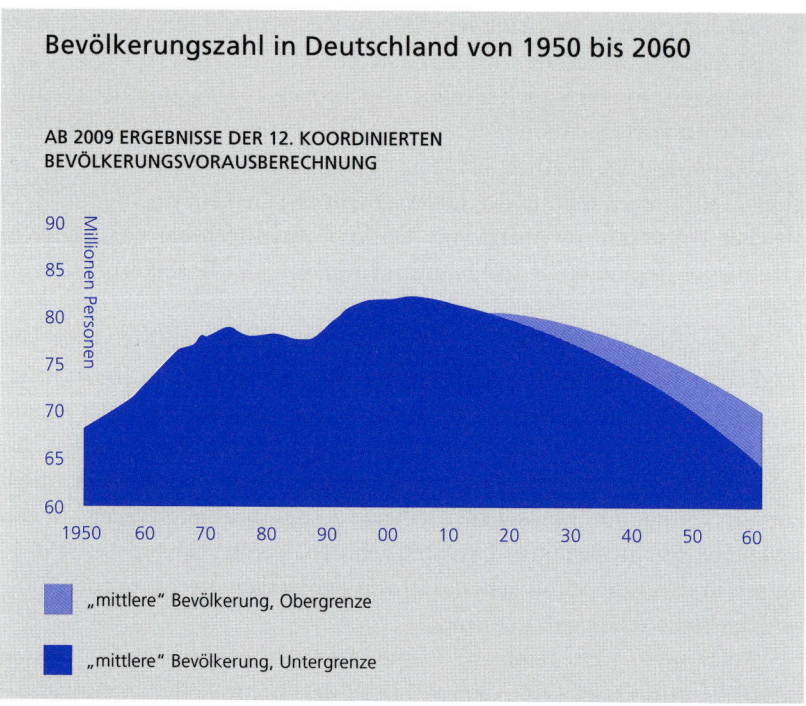

Abb. 3: Entwicklung der Bevölkerungszahl in Deutschland, 1950 bis 2060 in Millionen (1950 bis 1989 früheres Bundesgebiet und DDR insgesamt; ab 1990 Deutschland; ab 2009 Ergebnisse der 12. koordinierten Bevölkerungsvorausberechnung). Quelle: Destatis 2009: 12.

werden, ist bislang nicht geklärt. Neben der quantitativen Veränderung ist auch eine qualitative Veränderung der Arbeit zu verzeichnen. Demenz, Multimorbidität und soziale Vereinsamung treten häufiger auf. Dies erfordert von den Beschäftigten nicht nur größeren zeitlichen Einsatz, sondern auch neue und andere Kompetenzen.

Die Steigerung der Komplexität der Arbeit lässt sich auch für die Behindertenhilfe zeigen, wo derzeit erstmalig viele behinderte Menschen das Alter des Ruhestandes erreichen. Dadurch werden neue Wohn- und Lebenskonzepte in einem Hilfebereich erforderlich, der derzeit ohnehin durch Konversion (Auflösung von abgeschiedenen, großen Wohnanlagen) und Inklusion (uneingeschränkte Gleichstellung von behinderten und nicht-behinderten Menschen) von großen Veränderungen betroffen ist.

Auch in der Kinder- und Jugendhilfe hat der demografische Wandel Auswirkungen. Diese zeigen sich bislang nicht in einer Reduktion, sondern in einer deutlichen Steigerung der Nachfrage. Aufgrund des bundesweiten Mangels an Arbeitskräften und der hohen Kompetenz von Frauen sorgt der Aufbau von Krippenplätzen für einen deutlich gestiegenen Bedarf an professionellen Erziehungskräften. Zudem wird die Jugendhilfe an Bedeutung gewinnen, wenn alle Menschen für die Erwerbsarbeit benötigt werden.

Es ist deutlich: Der demografische Wandel führt in den großen Hilfebereichen der Diakonie und darüber hinaus zu einer eher steigenden Nachfrage. Die Auswirkungen des demografischen Wandels rechtfertigen also keine Reduktion, sondern begründen eher einen Ausbau der Leistungen.

Veränderungen auf Seiten der Mitarbeitenden

Der demografische Wandel hat deutliche Auswirkungen auf die Strukturen der Mitarbeiterschaft. Davon sind auch die Einrichtungen der Sozialwirtschaft betroffen. Im Kern lassen sich zwei Wirkungen des demografischen Wandels in diakonischen Einrichtungen identifizieren:

- Personalmangel: Die Abnahme der Bevölkerung und insbesondere die sinkende Zahl von jungen Menschen führen dazu, dass offene Stellen nicht oder nur sehr schwer besetzt werden können. In den meisten Hilfebereichen, allen voran in der Altenhilfe, ist es kaum möglich, alle offenen Stellen gut zu besetzen. Die Anzahl guter Bewerbungen war in den letzten Jahren rückläufig. Dies wird sich weiter so fortsetzen.
  Bis 2050 wird sich, lässt man die Migration unberücksichtigt, das Potenzial an Erwerbspersonen um circa 16 Millionen Personen reduzieren. Deutlich weniger Menschen stehen also dem Arbeitsmarkt zur Verfügung. Damit geht einher, dass der Wettbewerb um Arbeitskräfte und insbesondere um Nachwuchskräfte deutlich zunehmen wird. Auch die Konkurrenz zwischen den Branchen und zwischen den einzelnen Arbeitgebern wird zunehmen. Der gegenwärtige Personalmangel ist demnach erst der Anfang dieser Entwicklung. In der Sozialwirtschaft wird es in den nächsten 10 bis 15 Jahren zu einer sehr großen Welle von Altersübertritten kommen. In sehr vielen Einrichtungen dominiert die Altersgruppe der 45- bis 55-Jährigen (vgl. Abbildung 5), was insbesondere mit dem Wachstum der Branche in den 1970er- und 1980er-Jahren zu tun hat. Wenn die Kolleginnen und Kollegen in den Ruhestand gehen, wird sich die Personalnot noch viel deutlicher zeigen. Eine Zukunftsaufgabe ist es, genügend kompetente Mitarbeitende zu finden.
- Alterung der Belegschaften: Zugleich mit dem Fehlen der Jüngeren auf dem Arbeitsmarkt kommt es zu einer Steigerung des Durchschnittalters der Beschäftigten. Da in den Einrichtungen in den nächsten Jahren vielerorts der Personalverlust relativ niedrig sein wird (häufig sind nur geringe Fluktuationsquoten vorhanden und an vielen Stel-

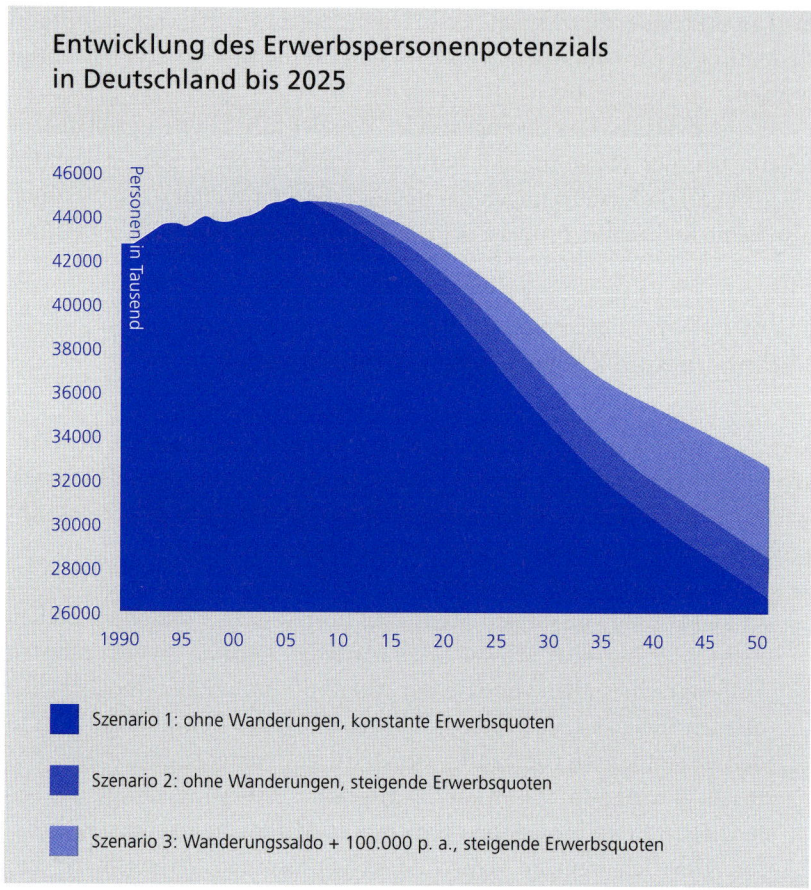

Abb. 4: Entwicklung des Erwerbspersonenpotenzials in Deutschland bis 2025. Quelle: Fuchs et al. 2011: 2.

len sind die über 55-Jährigen deutlich unterrepräsentiert), wird sich in den nächsten Jahren das Durchschnittsalter deutlich erhöhen. Der Sicherung der Arbeits- und Beschäftigungsfähigkeit kommt damit eine große Bedeutung zu. Es wird darum gehen, die Leistungsfähigkeit unabhängig vom Alter zu erhalten.

Dass die Förderung der Gesundheit der Mitarbeitenden einen wesentlichen Beitrag zum Erhalt der Leistungsfähigkeit der Beschäftigten leistet, ist direkt einsichtig. Darüber hinaus unterstützt ein sorgsamer Umgang mit den Mitarbeitenden auch die Personalgewinnung. Ein erster Erfolg einer Einrichtung, die das Konzept „BELEV – Gesundes Arbeiten gestalten" einführte, war eine höhere Attraktivität auf dem Arbeitsmarkt. Der Hinweis „Seit 2011 gesundes Arbeiten" in den Stellenanzeigen führte zu einer erhöhten Aufmerksamkeit bei potenziellen Mitarbeitenden.

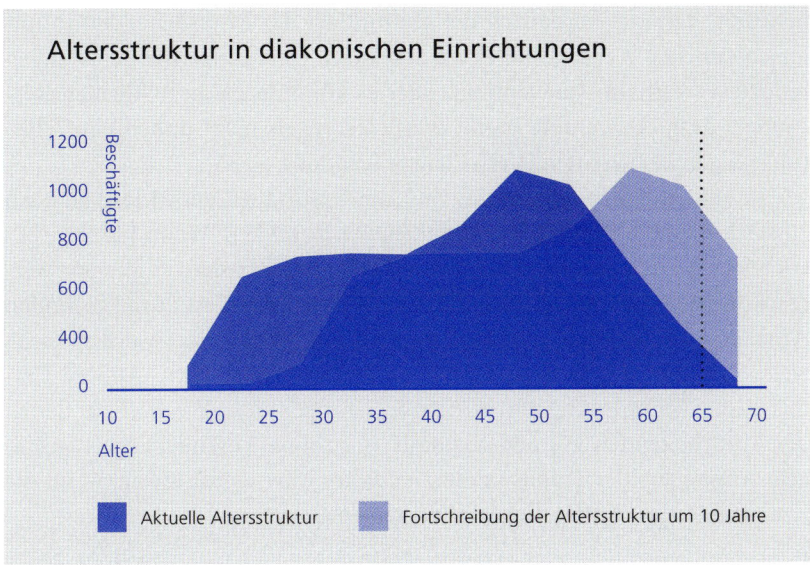

Abb. 5: Altersstruktur in diakonischen Einrichtungen, die sich an dem Projekt Chronos beteiligt haben (N=6284). Quelle: Eigene Daten.

2.2 Krankheitsrisiken und Krankenquoten in der Sozialwirtschaft

Das stärkste Argument für die Einführung von „Gesundem Arbeiten" speist sich aus dem Verweis auf hohe oder zu hohe Fehlzeiten (Thiehoff 2004, vgl. weitere Gründe Meifert/Kesting 2004: 9f.; Singer/Neumann 2010). Wenn es gelingt, die Krankheitsquoten zu senken, oder sie bei der gegenwärtig häufig hohen Arbeitsbelastung stabil zu halten, amortisiert sich der Aufwand für die Einführung von „Gesundem Arbeiten" schnell.

Wichtig ist in diesem Kontext, zwischen Belastungen, Beanspruchungen und Beanspruchungsfolgen zu unterscheiden (Richter 2010; Moldaschl 2010).

- Belastungen sind die äußeren Einflüsse auf die Personen. Sie sind prinzipiell für alle Mitarbeitenden am gleichen Arbeitsplatz identisch.
- Diese Belastungen wirken jedoch auf die Mitarbeitenden in unterschiedlicher Weise – je nach individuellen Ressourcen. Diese Wirkungen werden Beanspruchungen genannt.
- Sind die Beanspruchungen für einen Mitarbeitenden zu groß, kommt es zu Erkrankungen, die als Beanspruchungsfolgen bezeichnet werden können.

Damit ist klar, dass die Beanspruchungsfolgen zwar mit den Belastungen zusammenhängen, aber eine direkte kausale Beziehung besteht nicht. Dies bedeutet, dass die Förderung der Gesundheit der Mitarbeitenden in unterschiedlicher Weise gestaltet werden kann. Es könnten die Belastungen reduziert (Verhältnisprävention), oder es könnten die individuellen Ressourcen gestärkt werden, damit die Belastungen nicht unbedingt Belastungsfolgen hervorrufen (Verhaltensprävention).

In beiden Fällen besteht das Ziel, die Gesundheit der Mitarbeitenden zu stärken und damit die Krankheitsquote zu senken. Wenn künftige betriebliche Kosten aufgrund von Krankheit (Ausfallkosten) eingespart werden können, amortisieren sich die Ausgaben für die Gestaltung gesunden Arbeitens sehr schnell – obwohl niemals eindeutig belegt werden kann, welche Erfolge durch welche Maßnahmen erzielt wurden: Äußere Einflüsse, die Veränderung von Arbeitsbelastungen oder Wechsel auf Seiten der Mitarbeitenden können ebenfalls zu großen Veränderungen beitragen. Angesichts des Trends der letzten Jahre wäre es ein Erfolg, wenn die Krankheitstage künftig nicht weiter steigen.

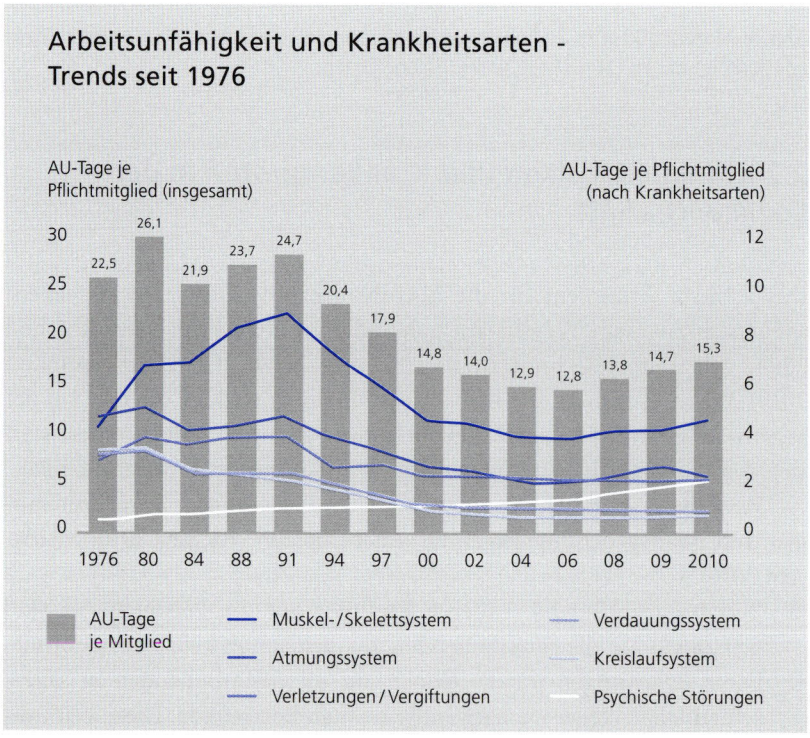

Abb. 6: Arbeitsunfähigkeit und Krankheitsarten seit 1976 in Deutschland. Quelle: BKK- Bundesverband 2011: 18.

Abbildung 6 zeigt nicht nur, dass seit 2004 die Anzahl der AU-Tage kontinuierlich steigt, nachdem sie in den Jahren zuvor reduziert werden konnte.

Die Abbildung zeigt auch, dass psychische Erkrankungen eine immer größere Bedeutung einnehmen. Unabhängig davon, ob der Grund dafür bei
häufigeren Diagnosen, größerer gesellschaftlicher Akzeptanz der Erkrankungen oder bei Veränderungen der Arbeitswelt liegt, besteht hier in jedem Fall Handlungsbedarf, denn die Mitarbeitenden fehlen. Kolleginnen
und Kollegen müssen einspringen und die Ausfallkosten muss der Arbeitgeber tragen.

Die Steigerungsraten bei den psychischen Erkrankungen sind auch
deshalb besonders problematisch, weil diese mit besonders langen Krank-
heitszeiten einhergehen. Während Krankheiten des Atmungssystems mit
durchschnittlich 6,6 Tagen je Fall eher wenige AU-Tage mit sich bringen,
verursachen Krankheiten des Muskel-Skelett-Systems und des Bindegewe-
bes (19,6 AU-Tage) und Krankheiten des Kreislaufsystems (20,6 AU-Tage)
schon deutlich längere Ausfallzeiten. Psychische und Verhaltensstörun-
gen sind mit durchschnittlich 35,2 AU-Tagen je Fall noch langwieriger. Sie
werden lediglich von den Neubildungen (Tumore) mit durchschnittlich
36,3 AU-Tagen übertroffen (BKK-Gesundheitsreport 2011: A14).

Die Steigerung von psychischen Erkrankungen in Kombination mit
den damit verbundenen langen Ausfallzeiten erfordert ein Konzept zum
gesunden Arbeiten, das neben den körperlichen auch die psychischen Gefährdungen berücksichtigt. Die Analyse der Ursachen für psychische Erkrankungen fällt deutlich schwerer als bei den physischen Erkrankungen,
deren Ursachen zum Teil auch durch Arbeitsplatzbegehungen von Fach-
personal (Betriebsärzte oder Fachkräfte für Arbeitssicherheit) identifizierbar sind. Im Unterschied dazu ist bei psychischen Erkrankungen die
subjektive Sicht der Mitarbeitenden erforderlich, denn nur sie können be-
urteilen, welche Strukturen und Prozesse für sie eine (psychische) Beanspruchung darstellen. Die Einbeziehung der subjektiven Sicht bedeutet jedoch nicht, dass die Gesundheitsvorsorge beliebig ist. Die Erfahrung zeigt,
dass die Mitarbeitenden sehr genau erkennen und darstellen können, welche Beanspruchungen und Belastungen als problematisch angesehen werden müssen.

Der demografische Wandel bringt eine Alterung der Gesellschaft und
in deren Folge eine Steigerung des Durchschnittsalters der Mitarbeitenden mit sich. Landläufig wird davon ausgegangen, dass ältere Beschäftigte krankheitsanfälliger seien als ihre jüngeren Kolleginnen und Kollegen,
was jedoch nur bedingt zutrifft. Zwar steigt die Anzahl der AU-Tage bei
den älteren Mitarbeitenden, doch findet sich ein vergleichbarer Anstieg
bei den Krankheitsfällen nicht. Dies bedeutet, dass Ältere ähnlich häufig erkranken, jedoch im Krankheitsfall länger ausfallen (BKK-Bundesverband 2011: 41). Mit dem Anstieg des Durchschnittsalters der Mitarbeitenden steigen somit auch die Krankheitsrisiken. Als Erfolg ist deshalb bereits
zu werten, wenn es gelingt, die betrieblichen AU-Tage konstant zu halten.

Einschränkend ist zu betonen, dass die Steigerung der Krankheitsrisiken der älteren Mitarbeitenden zwar messbar ist, aber sich in einem kleineren Umfang bewegt als häufig angenommen. Sie kann demnach keinen Grund liefern für eine altersselektive Einstellungspolitik, die seit Einführung des Allgemeinen Gleichbehandlungsgesetzes (AGG) im Jahr 2009 nicht nur verboten ist, sondern auch angesichts des weit verbreiteten Personalmangels unklug wäre.

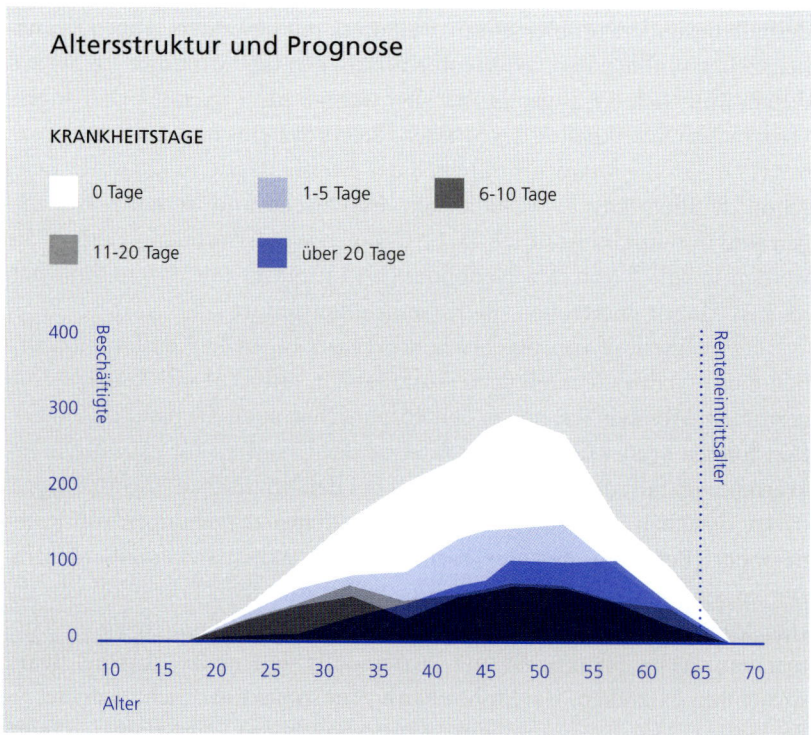

Abb. 7: Verteilung der Anzahl der Krankheitstage im Erwerbsverlauf. Die Mitarbeitenden sind jeweils in Gruppen zusammengefasst. Langzeiterkrankte finden sich demnach in der Gruppe mit „mehr als 20 Krankheitstage“. Stichprobe: N = 4774 Beschäftigte in diakonischen Einrichtungen. Quelle: Eigene Daten.

Eigene Analysen zeigen (siehe Abbildung 7), dass in allen Altersgruppen die meisten Mitarbeitenden keine und sehr viele nur 1 bis 5 Krankheitstage pro Jahr aufweisen. Zwar steigt die Zahl derjenigen im Altersverlauf, die über 20 Krankheitstage haben, doch führen längerfristige Erkrankungen aus Sicht der Arbeitgeber zu geringeren Auswirkungen. Erstens übernimmt nach sechs Wochen die Krankenkasse die Ausfallkosten und zweitens sind dann keine kurzfristigen Veränderungen von Dienstplänen nötig. Die Belastungen für die übrigen Mitarbeitenden sind bei wenigen langen Erkrankungen deutlich geringer als bei vielen kurzen.

3. Grundlagen des Konzepts BELEV

Zur Bearbeitung der beschriebenen Risiken angesichts des demografischen Wandels wurde ein Konzept zur Gestaltung gesunden Arbeitens entwickelt. Seine Anwendung in bislang elf diakonischen Einrichtungen (Stand Sommer 2012) zeigt, dass durch das Konzept nicht nur punktuelle Interventionen möglich sind, sondern auch breit angelegte Prozesse der Organisationsentwicklung zugunsten des Erhalts der Arbeitsfähigkeit der Mitarbeitenden angestoßen werden können.

3.1 Grundlegende Definitionen

Was unter dem Begriff „gesundes Arbeiten" verstanden werden kann und soll, hängt davon ab, welches Bild von Gesundheit und Krankheit leitend ist. Damit eine differenzierte Bearbeitung des Handlungsfeldes möglich ist, wurde dem Konzept BELEV eine Definition von gesundem Arbeiten zugrunde gelegt, die sehr unterschiedliche Dimensionen zugleich beinhaltet:

> Gesundes Arbeiten bedeutet:
> im Interesse der Arbeitsfähigkeit und damit der Lebensqualität der Mitarbeitenden das körperliche, geistige und soziale Wohlbefinden derselben zu unterstützen und langfristig zu fördern.

Mit dieser Definition sind mehrere Aspekte angesprochen, die erläuterungsbedürftig sind.

Primäre Orientierung an der Arbeitsfähigkeit: In der Definition wird deutlich, dass die Gestaltung gesunden Arbeitens ihre primäre Ausrichtung durch den betrieblichen Mehrwert erhält. Zwar ist es durchaus erwünscht, dass die Gesundheitsförderung auch dem Wohlbefinden im Privatleben förderlich ist, doch steht dies nicht im Vordergrund. Der Zweck und das Ziel ist die Gesundheit im Kontext der Arbeit. Private Aspekte sind nur mittelbar betroffen.

Wohlbefinden nach drei Aspekten: Das Wohlbefinden bezieht sich ausdrücklich nicht ausschließlich auf körperliche Aspekte. Dass die psychischen Beanspruchungen nicht unberücksichtigt bleiben dürfen, ist angesichts der stark angestiegenen Fehlzeiten aufgrund von psychischen

Erkrankungen selbstverständlich. Bei der Gestaltung der Arbeitsprozesse ist es eine besondere Herausforderung, diesen Bereich besser in den Blick zu nehmen. Noch fehlen die Instrumente sowohl für die Analyse derartiger Belastungen als auch zur Beseitigung derselben. Als dritte Dimension des Wohlbefindens sind soziale Aspekte zu berücksichtigen. Angesichts der Bedeutung der Kommunikation und Kooperation in den Arbeitsfeldern der Sozialwirtschaft ist es nur folgerichtig, dass Belastungen auf der Ebene der zwischenmenschlichen Beziehungen bedeutsam sind.

Die drei Aspekte des Wohlbefindens stehen nicht isoliert nebeneinander, sondern beeinflussen sich wechselseitig stark. Einschränkungen bezüglich eines Aspekts können dazu führen, dass Belastungen in Bezug auf einen anderen Aspekt schwerer wiegen. Belastbare und starke Ressourcen hinsichtlich einer Dimension können hingegen auch schwierigere Situationen in einer anderen Dimension des Wohlbefindens ausgleichen.

Langfristigkeit der Bemühungen: Die Gesundheit von Mitarbeitenden lässt sich nicht mit einmaligen oder kurzfristigen Aktivitäten gestalten oder verbessern. Wie eine Schwalbe noch keinen Sommer macht, so sind auch vereinzelte Angebote zur Gesundheitsförderung nicht ausreichend. Damit die Mitarbeitenden gesund und langfristig leistungsfähig bleiben, bedarf es anhaltender Bemühungen und dauerhafter Veränderungen im Arbeitsalltag.

Präventive Aktivitäten: Eine besondere Schwierigkeit in Bezug auf die betrieblichen Bemühungen um die Gesundheit der Mitarbeitenden ist, dass präventive Aktivitäten zwar kostengünstiger sind, aber weniger klar geplant werden können.

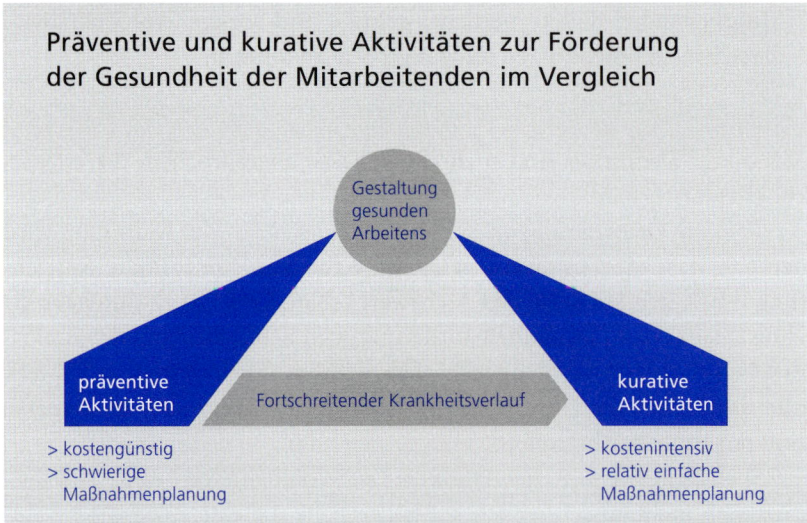

Abb. 8: Präventive und kurative Aktivitäten zur Förderung der Gesundheit der Mitarbeitenden im Vergleich. Quelle: Eigene Darstellung.

Liegt eine Erkrankung bereits vor (z. B. Bandscheibenvorfall, Depression), lassen sich die kurativen Maßnahmen planen. Günstiger wäre es, bereits aktiv zu werden bevor lange Ausfallzeiten entstehen. Problematisch ist dabei jedoch die Unklarheit darüber, welche Maßnahmen getroffen werden sollten (Rückenschule, Teamentwicklung, individuelle Unterstützung, Weiterbildung, etc.). Welche Aktivitäten zu wählen sind und auf welche guten Gewissens verzichtet werden kann, muss ein Konzept zeigen, das die Ursachen von Beanspruchungen und Erkrankungen offenlegt.

Kontinuum von Gesundheit und Krankheit: Entsprechend dem Ansatz der Salutogenese, der weiter unten noch ausführlicher dargestellt wird, und in expliziter Abgrenzung zur Gesundheitsdefinition der WHO, die „umfassendes körperliches, geistiges und soziales Wohlbefinden" verlangt (WHO 1986), wird im Konzept BELEV von einer Kontinuität von Gesundheit und Krankheit ausgegangen. Krankheit ist dann nicht die Abwesenheit von Gesundheit und Gesundheit nicht die Ungestörtheit durch die Krankheit (vgl. die Definition der WHO). Die individuelle Situation von Menschen ist vielmehr immer zwischen den Extremen der völligen Gesundheit und der gänzlichen Erkrankung angesiedelt.

Diese verschiedenen Punkte der Definition machen deutlich, dass die betriebliche Gesundheitsförderung einen komplexen Gegenstand hat. Verbindet man den Punkt des Kontinuums von Gesundheit und Krank-

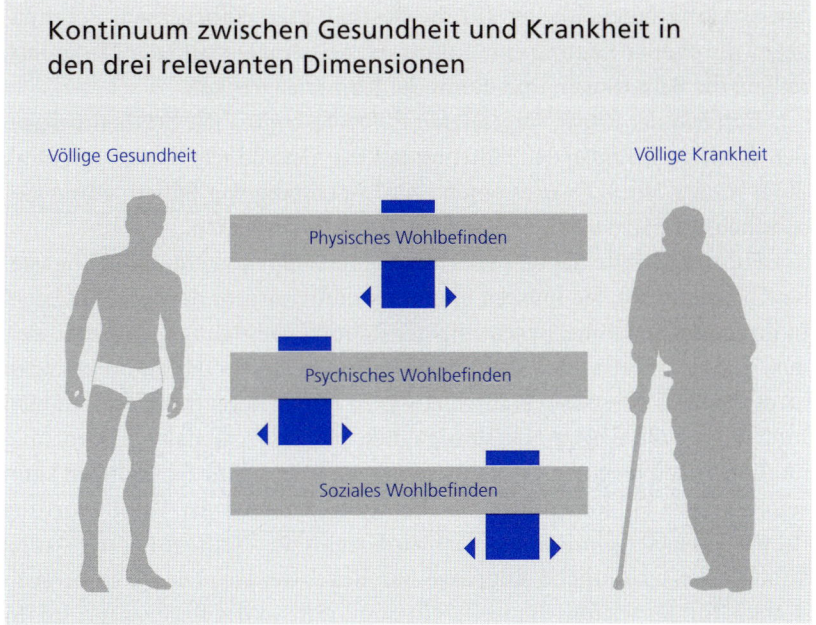

Abb. 9: Bei dem Kontinuum zwischen Gesundheit und Krankheit ist von einer starken Wechselwirkung der drei Dimensionen auszugehen. Quelle: Eigene Darstellung.

heit mit den drei verschiedenen Aspekten von Wohlbefinden, wird deutlich, dass einfache Ansätze und Lösungen nicht hilfreich sein können. Betriebliche Gesundheitsförderung erfordert eine Vorgehensweise, die diese Komplexität aufgreifen und bearbeiten kann.

3.2 Die Handlungsfelder gesunden Arbeitens

Folgt man der Forschung zu den Belastungsfaktoren der Mitarbeitenden in der Sozialwirtschaft, lassen sich fünf unterschiedliche Bereiche identifizieren, die einen Einfluss auf die Gesundheit der Mitarbeitenden haben:

Handeln der Unternehmensleitung: Die Unternehmensleitung gestaltet die Arbeit und deren Rahmenbedingungen in ihrer Gesamtheit. Welche Ziele verfolgt werden, welche Vorgaben gemacht werden und welche Bedeutung der Arbeit zugemessen wird, bestimmt maßgeblich die oberste Leitung. Ermöglicht und befördert sie einen wertschätzenden und ressourcenschonenden Umgang mit den Mitarbeitenden, kann dies zu einem Klima der wechselseitigen Achtsamkeit führen (vgl. den Aufsatz von Künstner/Nehr im Sammelband). Die Kooperationsbereitschaft zwischen den Kolleginnen und Kollegen kann dadurch steigen und die Führungskräfte können durch die Übertragung von Verantwortung Selbstständigkeit und Selbstverantwortung ermöglichen. Damit können interessante Entwicklungsmöglichkeiten für die Beschäftigten einhergehen. Prägt dagegen die oberste Leitung eine Kultur des Misstrauens und der Missgunst, steigen die Belastungen und damit die Krankheitsrisiken.

Handeln der direkt vorgesetzten Führungskraft: Viele Studien belegen den direkten Einfluss der Führung auf die Gesundheit (Gregersen et al. 2011; Nieder 2010). Dass es einen Zusammenhang von Führung und Gesundheit der Mitarbeitenden gibt, ist zweifellos erwiesen.

Führungskräfte haben in der Regel eine doppelte Verantwortung (siehe Abbildung 10). Sie müssen einerseits dafür sorgen, dass die Aufgaben in ihrem Bereich unter Beachtung der Rahmenbedingungen geleistet werden, und sie tragen andererseits die Verantwortung für die Mitarbeitenden ihres Bereichs. Die Sachverantwortung ist in der Regel mit klaren Zahlen hinterlegt, wohingegen Nachlässigkeiten bei der Personalverantwortung nur über einen längeren Zeitraum sichtbar werden. Eine Folge davon kann sein, dass die Fürsorgepflicht für die Mitarbeitenden der Verantwortung für die Arbeitsergebnisse geopfert wird, wenn die Verdichtung der Arbeit anhält oder terminliche Engpässe zur Regel werden. Dies kommt auch deshalb immer wieder vor, weil Führungskräfte in der Regel aufgrund ihrer Fachkompetenz in ihrem Aufgabenbereich und nicht aufgrund ihrer Führungskompetenz in die Leitungsverantwortung berufen werden.

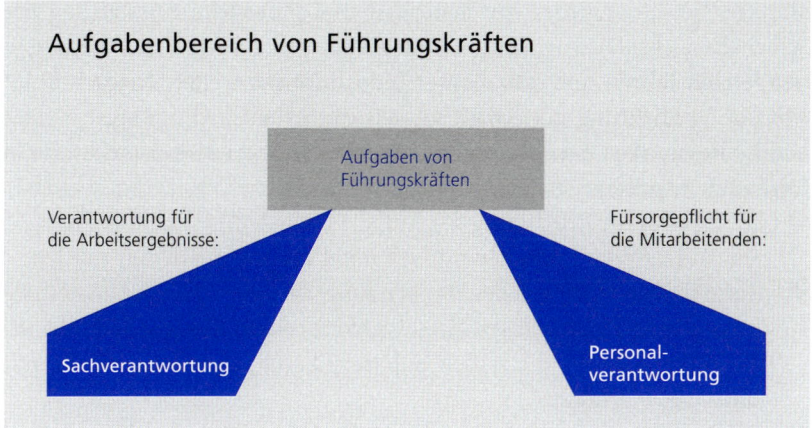

Abb. 10: Aufgabenbereich von Führungskräften. Quelle: Eigene Darstellung.

Eine gesundheitsfördernde Führung nimmt die Verantwortung für die Mitarbeitenden sehr ernst. Trotz aller Widrigkeiten und trotz steigender Anforderungen sieht sie sich auch als Anwalt ihrer Mitarbeitenden. Sie zeigt auf, wenn weitere Belastungen unzumutbar wären, und ergreift Partei, wenn das eigene Team in der Kritik steht. Soziale Unterstützung, das Ermöglichen von Partizipation, Anerkennung und offene Kommunikation sind weitere Aspekte, die eine gesunde Führung auszeichnen.

Zusammenarbeit im Team: Die gute Kooperation im Team kann eine wichtige Ressource im Arbeitsalltag darstellen. Fachliche Unterstützung, ein Rat, ein gutes Gespräch, freundliches aber ehrliches Feedback – dies alles sind Formen der kooperativen Zusammenarbeit, die dabei helfen, die Arbeit langfristig gesund und motiviert leisten zu können.

Das Team kann aber auch belastend wirken. In der extremsten Form ist dann von Mobbing die Rede. Dies bedeutet, dass eine Mitarbeiterin oder ein Mitarbeiter am Arbeitsplatz systematisch und über einen längeren Zeitraum schikaniert, drangsaliert, benachteiligt und ausgegrenzt wird. Gerüchte, Sticheleien, überzogene Kritik und Ausgrenzung gehören zu den am weitesten verbreiteten Formen, in denen sich Mobbing äußert. Nicht jedoch allein in dieser extremen Form können die Kolleginnen und Kollegen ein Risiko für die Arbeitsfähigkeit darstellen. Eingeschränkte Kooperation und Kommunikation beeinträchtigen insbesondere das soziale Wohlbefinden bei der Arbeit deutlich. Die Arbeit wird dann zu einer Last, die man täglich ertragen muss und die schnell zu Erkrankungen führen kann.

Organisation und Rahmenbedingungen der Arbeit: Effizient gestaltete Arbeitsabläufe können die Gesundheit der Mitarbeitenden ebenso unterstützen wie die angemessene materielle und personelle Ausstattung des Arbeitsbereichs. Die vormals guten Bedingungen des Arbeitens wurden in den letzten Jahren und Jahrzehnten jedoch immer weiter eingeschränkt. Mit der Verdichtung der Arbeit wirken die Arbeitsbedingungen stärker auf die Ressourcen der Mitarbeitenden. Dies äußert sich beispielsweise in folgenden Aspekten:

- Die Zeit für die Erledigung der Aufgaben wird immer knapper bemessen. In kürzeren Einheiten müssen mehr Aufgaben erledigt werden.
- Aufgrund der finanziellen Begrenzung ist eine optimale materielle Ausstattung keine Selbstverständlichkeit. Wenn technische Hilfsmittel fehlen oder für die Arbeit unpassend sind, kann dies die Krankheitsrisiken erhöhen.
- Die Anforderungen durch die Arbeit sind stark gestiegen. Komplexität und Interdisziplinarität haben zugenommen. Wenn die Kompetenzen nicht analog aufgebaut wurden, kann auch dies belastend wirken.

 Die Durchsicht der Organisationsformen in den Einrichtungen macht deutlich, dass die Verdichtung der Arbeit vielfach ihre Spuren hinterlassen hat. Dennoch gibt es an vielen Stellen gute Möglichkeiten die Arbeit gesundheitsförderlicher zu gestalten. Bei der Gestaltung der Arbeitsbedingungen geht es nicht darum, weitere Rationalisierungsmöglichkeiten auszuschöpfen, sondern darum, Sand aus dem Getriebe des täglichen Arbeitens zu nehmen.

Eigenes Verhalten und eigene Haltung: Ein weiterer Bereich, der auf die Gesundheit der Mitarbeitenden großen Einfluss hat, ist die individuelle Ebene. Es ist naheliegend, dass die eigene Einstellung zur Gesundheit und das damit zusammenhängende Verhalten einen Einfluss auf das Wohlbefinden der Mitarbeitenden haben.

 Dieser fünfte Bereich unterscheidet sich deutlich von den zuvor genannten. Während es bei diesen um die Beschaffenheit der Verhältnisse geht, steht hier das individuelle Verhalten zur Diskussion. Bei vielen Konzepten der Gesundheitsförderung ist diese individuelle Ebene primär im Blick. Mit Rückenschulen, gesundem Essen, Rauchentwöhnung und Sportangeboten sollen die individuellen Ressourcen gestärkt werden. Tatsächlich dürfte dieser Aspekt wohl häufig überschätzt werden. Die oben beschriebene Zunahme von Krankheitstagen, insbesondere im Bereich der psychischen Erkrankungen, lässt sich weniger über das individuelle Verhalten als über die negative Veränderung der Verhältnisse erklären. Dennoch ist der individuelle Bereich nicht außer Acht zu lassen. Ungünstige Gewohnheiten können ein Risiko und günstige Gewohnheiten eine Ressource für die eigene Gesundheit darstellen.

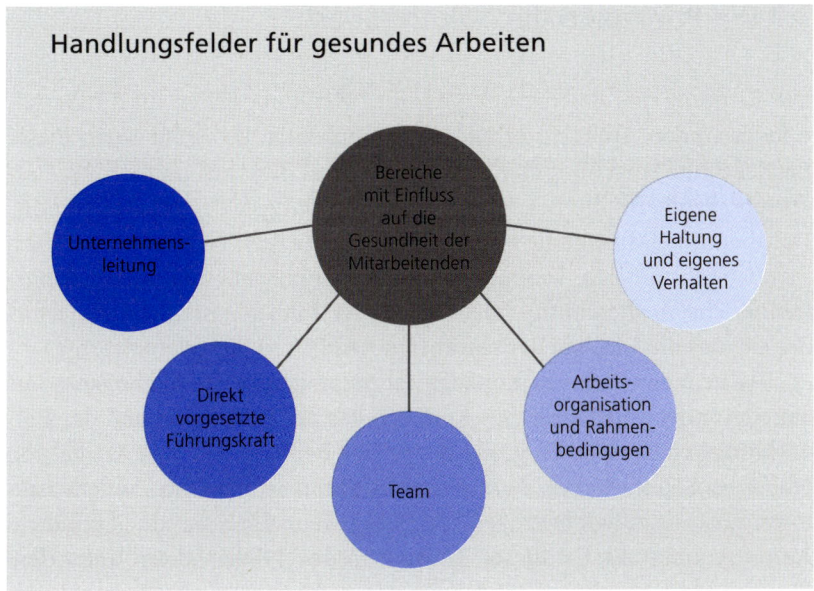

Handlungsfelder für gesundes Arbeiten

Abb. 11: Handlungsfelder für gesundes Arbeiten. Quelle: Eigene Darstellung.

In diesen fünf Bereichen lassen sich viele Einflüsse auf die Gesundheit der Mitarbeitenden finden. Da sich die Einflüsse als Risiko oder als Ressource auswirken können, ist es naheliegend, diese als die relevanten Einflussfaktoren zur Gestaltung gesunden Arbeitens anzusehen. Sie sind also die Handlungsfelder zur Gestaltung gesunden Arbeitens. Damit setzt das Konzept an den Ursachen der Krankheitsrisiken an und versucht diese so zu gestalten, dass sie zu Ressourcen für die Gesundheit werden.

Insbesondere die interaktiven Bereiche – Führung und Team – haben dabei eine große Bedeutung. Dies trägt der Tatsache Rechnung, dass in der Sozialwirtschaft Kooperation und Kommunikation sehr wichtig sind. Ob in anderen Wirtschaftsbereichen wie in der Produktion oder Logistik die gleichen Handlungsfelder gewählt werden sollten, wäre im Bedarfsfall zu überprüfen.

Die Bedeutung der interaktiven Bereiche legt aufgrund des starken Anstiegs psychischer Belastungen eine differenzierte Bewertung der Risiken nahe. Auf der Ebene des Teams und in der Interaktion mit Vorgesetzen haben erfahrungsgemäß viele psychische Beanspruchungen ihre Ursache. Der Bereich der Organisation der Arbeit ist hingegen primär für die physischen Beanspruchungen bedeutsam (vgl. den Artikel von Töpsch im Sammelband).

3.3 Die Prinzipien der Salutogenese

Die Nennung und Beschreibung der fünf Handlungsfelder für die Gestaltung gesunden Arbeitens erhöht die Komplexität. Da es für jeden dieser Bereiche gute Forschungsberichte, Studien und Beschreibungen guter Praxis gibt, erscheint die Bearbeitung der Handlungsfelder sehr aufwendig. Darüber hinaus bringt die Vielzahl der Ansätze den Nachteil der Unübersichtlichkeit mit sich. Deshalb ist für eine praxisnahe und anwendungsfreundliche Aufbereitung ein einheitliches Interpretationsmuster erforderlich, das die Vielzahl der bewährten Ansätze zu integrieren vermag.

Dafür bietet sich das Konzept der Salutogenese an: Salutogenese ist ein alternatives medizinisches Konzept, das der Prävention und der Entwicklung von Ressourcen große Bedeutung beimisst (vgl. den Artikel von Huber im Sammelband). Kern dieses Konzepts ist die Frage, welche Faktoren zur Gesundheit beitragen beziehungsweise die Gesundheit erhalten. Aaron Antonovsky hat dieses Konzept in den 1980er-Jahren unter dem Einfluss der Beobachtung entwickelt, dass es Menschen gibt, die trotz widrigster Umstände nicht erkranken und extreme Stresssituationen unbeschadet durchstehen. Was, so die Frage von Antonovsky, zeichnet diese Menschen in besonderem Maße aus? Was hält sie gesund?

Menschen, die den Widrigkeiten des Lebens mehr entgegen setzen können, zeichnen sich dadurch aus, dass sie ein höheres Ausmaß an Kohärenz haben. Dieses psychologische Konstrukt basiert auf drei Säulen: auf dem Gefühl der Verstehbarkeit, auf dem Gefühl der Handhabbarkeit und auf dem Gefühl der Sinnhaftigkeit. Dies gilt es zu erläutern:

Gefühl der Verstehbarkeit: Verstehbarkeit „bezieht sich auf das Ausmaß, in welchem man interne und externe Stimuli als kognitiv sinnhaft wahrnimmt, als geordnete, konsistente, strukturierte und klare Informationen und nicht als Rauschen – chaotisch, ungeordnet, willkürlich, zufällig und unerklärlich. Die Person mit einem hohen Ausmaß an Verstehbarkeit geht davon aus, dass Stimuli, denen sie in Zukunft begegnet, vorhersagbar sein werden oder dass sie zumindest, sollten sie tatsächlich überraschend auftreten, eingeordnet und erklärt werden können." (Antonovsky, 1997: 34)

Dabei geht es nicht um objektive Wahrheit und objektives Verstehen. Es ist irrelevant, ob etwas richtig verstanden und eingeordnet wurde. Entscheidend ist das Gefühl zu verstehen beziehungsweise verstehen zu können. Gemeint ist das Vertrauen in die Welt, dass das, was der Person begegnet, in den Rahmen bisheriger Erfahrungen einsortiert werden kann.

Gefühl der Handhabbarkeit: Handhabbarkeit ist „das Ausmaß, in dem man wahrnimmt, dass man geeignete Ressourcen zur Verfügung hat, um den Anforderungen zu begegnen, die von den Stimuli, mit denen man

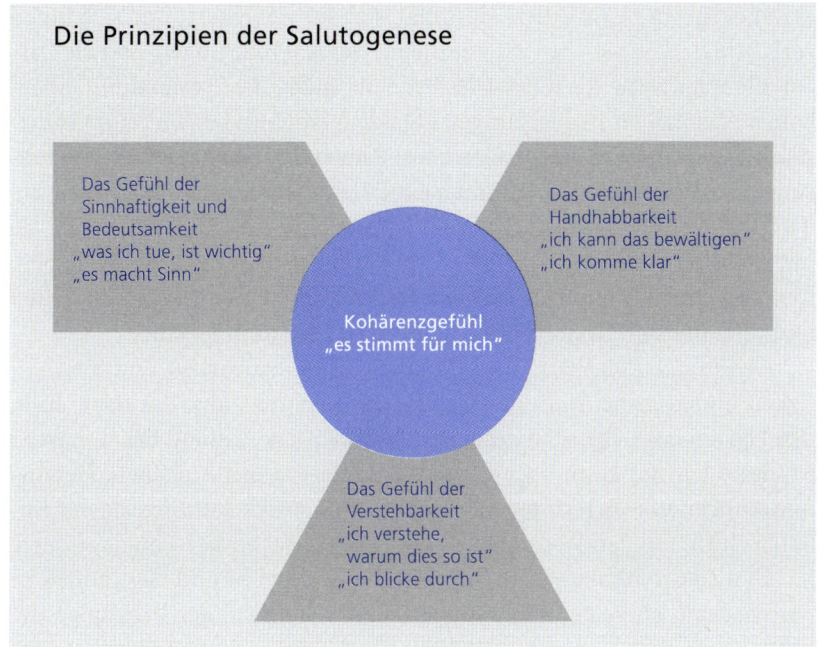

Abb. 12: Die Prinzipien der Salutogenese. Quelle: Eigene Darstellung nach Antonovsky 1997: 33f.

konfrontiert wird, ausgehen. ‚Zur Verfügung' stehen Ressourcen, die man selbst unter Kontrolle hat, oder solche, die von legitimierten anderen kontrolliert werden [...] von jemandem, auf den man zählen kann, jemandem, dem man vertraut. Wer ein hohes Ausmaß an Handhabbarkeit erlebt, wird sich nicht durch Ereignisse in die Opferrolle gedrängt oder vom Leben ungerecht behandelt fühlen." (Ebd.: 35)

Das Gefühl der Handhabbarkeit baut auf das Gefühl der Verstehbarkeit auf. Es besagt, dass die Anforderungen, denen die Person begegnet, nicht nur klar in bisherige Erkenntnisse eingegliedert, sondern darüber hinaus auch bewältigt werden können. Neben der kognitiven Verarbeitung wird mit dem Gefühl der Handhabbarkeit demnach auch der eigenen Handlungsfähigkeit eine entsprechende Leistungsfähigkeit zugetraut. Man ist einer Situation nicht mehr ausgeliefert, sondern kann sie aktiv gestalten. Ob sich Handlungsweisen lohnen, ob es sinnvoll ist, Arbeit und Energie in diese zu setzen, ist damit noch nicht gewährleistet. Hierbei handelt es sich um den dritten Aspekt des Gefühls der Kohärenz:

Gefühl der Sinnhaftigkeit: Die Sinnhaftigkeit – es ist auch von dem Gefühl der Bedeutsamkeit die Rede – bezieht sich „auf das Ausmaß, in dem man das Leben emotional als sinnhaft empfindet: dass wenigstens einige der vom Leben gestellten Probleme und Anforderungen es wert sind, dass man Energie in sie investiert, dass man sich für sie einsetzt und sich ihnen verpflichtet, dass sie eher willkommene Herausforderungen sind als Lasten, die man gerne los wäre. Dies bedeutet nicht, dass jemand mit einem hohen Ausmaß an Bedeutsamkeit glücklich ist über den Tod eines Nahestehenden [...]. Aber wenn solch einer Person diese unglücklichen Erfahrungen auferlegt werden, nimmt sie die Herausforderung bereitwillig an, wird ihr eine Bedeutung beimessen können und ihr Möglichstes tun, sie mit Würde zu überwinden." (Ebd.: 35). Sinn gewinnt die eigene Arbeit, wenn sie einem Menschen vor dem Hintergrund eines jeweils bekannten und verstandenen Kontextes, bedeutsam ist, also Sinn macht.

Gefühl der Kohärenz: Verstehbarkeit, Handhabbarkeit und Sinnhaftigkeit bilden gemeinsam das Gefühl der Kohärenz aus, das dabei hilft, den Härten des Lebens zu begegnen. Je höher das Ausmaß der Kohärenz ist, desto leichter kann die entsprechende Person mit Aufgaben, Herausforderungen und Belastungen umgehen. Eine starke Ausprägung der Kohärenz hilft, mit den Widrigkeiten des Lebens leichter zurechtzukommen.

Der Zusammenhang von hohem Kohärenzgefühl und Gesundheit ist wissenschaftlich belegt. Insbesondere die Korrelation der Prinzipien der Salutogenese mit der psychischen Belastbarkeit ist nicht nur plausibel, sondern auch durch die Forschung bestätigt (Bengel/Strittmatter/Willmann 2001: 44f.). Entscheidend ist jedoch, dass diese Korrelation sich für das Gefühl der Kohärenz, nicht jedoch für die einzelnen Prinzipien isoliert nachweisen lässt. Nur wenn also alle drei Prinzipien ausgeprägt sind, verhelfen sie zu einer stabilen Gesundheit.

Zusammenfassen lässt sich das Konzept in einer These:

> Je eher Menschen das Gefühl haben,
> - die Welt um sich herum verstehen zu können (Verstehbarkeit),
> - sich in der Lage sehen, die Aufgaben, die auf sie zukommen, bewältigen zu können (Handhabbarkeit) und
> - den Dingen und Prozessen um sie herum eine Bedeutung zumessen zu können (Sinnhaftigkeit),
> desto größer ist ihr Gefühl von Stimmigkeit (Kohärenz) und umso besser können sie den Belastungen des Lebens und der Arbeit standhalten.

Die Ausprägung des Kohärenzgefühls kann über einen Fragebogen ermittelt werden. Dieser Fragebogen, der von Aaron Antonovsky entwickelt wurde, greift die drei Prinzipien der Salutogenese auf und verbindet diese zum Gefühl der Kohärenz. In der Erforschung des Fragebogens und des Konzepts hat sich Folgendes herausgestellt:
- Das Ausmaß der Kohärenz ist sehr verschieden ausgeprägt. Es gibt Menschen mit sehr starker und sehr schwacher Ausprägung.

- Das bei einer Person vorhandene Gefühl der Kohärenz bildet sich im Laufe ihrer Jugend aus. Die Kindheit und die Jugend sind demnach für das Gefühl der Kohärenz entscheidend.
- Das Ausmaß der Kohärenz ist bei jedem Einzelnen relativ stabil. Lediglich bei persönlichen Krisen und harten Schicksalsschlägen kann es zu einer relativ schnellen Veränderung kommen.

- Über langfristig gemachte positive oder negative Erfahrungen hinsichtlich der drei Prinzipien kann das Ausmaß der Kohärenz ansteigen oder abfallen. Kurzfristige Trainings führen zu keinen wesentlichen Veränderungen.

Der salutogenetische Ansatz ist in der Gesundheitsförderung relativ weit verbreitet. In Handlungsleitfäden und Präsentationen zum Thema fehlt selten der Hinweis auf Aaron Antonovsky. Vielfach bleibt es jedoch dabei. Da sich das Kohärenzgefühl kurzfristig kaum beeinflussen lässt, wird das Modell in der konkreten Umsetzung selten zur Anwendung gebracht. Indem die Prinzipien der Salutogenese mit den oben ausgewiesenen fünf Handlungsfeldern in Verbindung gebracht werden, operationalisiert BELEV die Prinzipien des alternativmedizinischen Konzepts.

3.4 Die Matrix als Herzstück des Konzepts

Mit der inhaltlichen Ausrichtung durch die drei salutogenetischen Prinzipien lassen sich die fünf Handlungsbereiche für gesundes Arbeiten inhaltlich gestalten. Jeder Bereich lässt sich daraufhin untersuchen, inwieweit er die Verstehbarkeit, die Handhabbarkeit und die Sinnhaftigkeit unterstützt oder untergräbt. Dies lässt sich in einer Matrix darstellen. In fünfzehn Feldern wird beschrieben, wie die Gesundheit der Mitarbeitenden gestaltet werden kann.

Die BELEV-Matrix (Abb. 15) ermöglicht die spezifische Bearbeitung der Bedingungen der Gesundheit von Mitarbeitenden. In jedem Feld geht es um die Frage, wie in dem Handlungsfeld das jeweilige Prinzip realisiert und unterstützt beziehungsweise untergraben wird. Mit welchen Strategien und Maßnahmen, so die in jedem Feld gestellte Frage, unterstützt das Handlungsfeld das jeweilige Prinzip. Konkret gefasst könnten die Fragen für die hier herausgehobenen Felder lauten:

- Was trägt die Unternehmensleitung zur Sinnhaftigkeit der Arbeit bei?
- Welchen Beitrag leistet die direkt vorgesetzte Führungskraft für die Verstehbarkeit?
- Wie gewährleistet die Arbeitsorganisation die Handhabbarkeit?

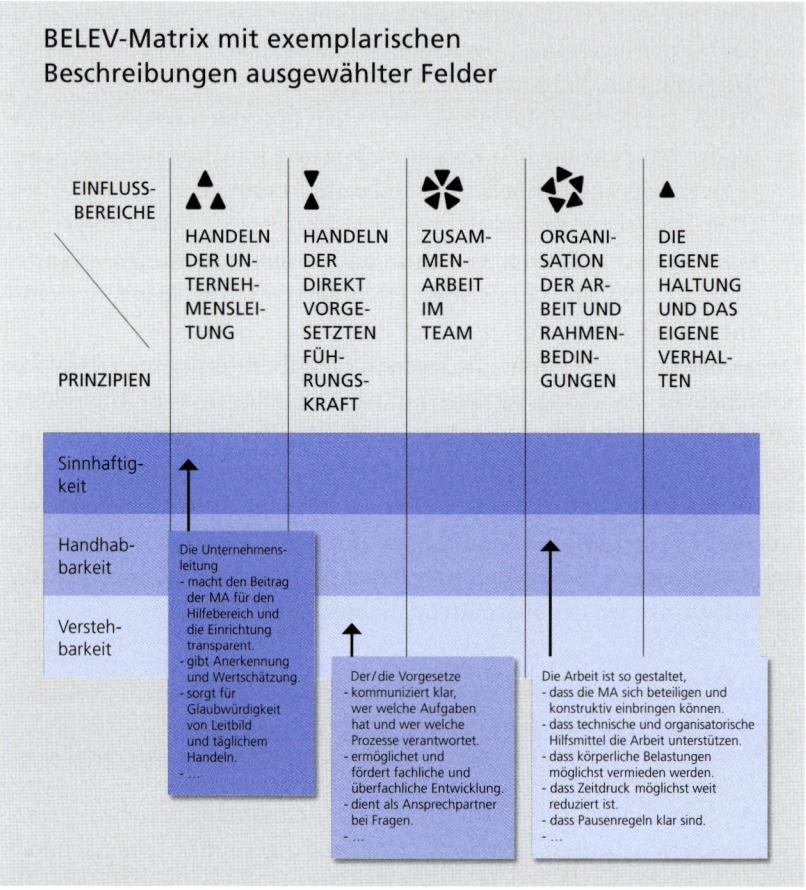

Abb. 13: BELEV-Matrix mit exemplarischen Beschreibungen ausgewählter Felder. Quelle: Eigene Darstellung.

● Auf diese und die weiteren Fragen der fünfzehn Felder lassen sich konkrete Antworten finden, die exemplarisch in den blauen Kästen dargestellt sind.

Geht man allein die hier genannten Aspekte durch, wird bereits deutlich, dass es besser wäre, die Arbeit auf diese Art und Weise zu gestalten. Dass Mitarbeitende über Veränderungen informiert werden, die technischen Hilfsmittel verfügbar sind und ein Bezug zum Leitbild erkennbar sein sollte, ist offenkundig vorteilhaft. Die Erfahrung zeigt jedoch, dass dies nicht immer der Realität entspricht. Daraus können Beanspruchungen für die Mitarbeitenden erwachsen.

Beginnt man alle fünfzehn Felder in ähnlicher Weise zu füllen, zeigt sich schnell, dass alle relevanten Aspekte der Gesundheitsförderung und des Gesundheitsmanagements thematisiert werden. Was die Gesundheit

der Mitarbeitenden unterstützt oder untergräbt, lässt sich in der Matrix fi-
xieren. Darüber hinaus bietet die Matrix folgende Möglichkeiten:

- Die Matrix hilft, den Verantwortlichen für die Gestaltung des gesunden Arbeitens den Blick zu weiten. Leicht kann es passieren, dass na-
heliegende Felder zur Gesundheitsförderung primär beachtet werden.
Die „Rückenschule", Kurse zur Raucherentwöhnung, Sportangebote
oder gesundes Essen gehören zu den Maßnahmen, die schnell zum
Thema gemacht werden. Die Matrix hilft anzuerkennen, dass dies nur
ein kleiner Teil im Tableau unterschiedlicher Handlungsfelder ist. Damit zwingt die Matrix die Akteure dort Veränderungen anzugehen,
wo der Nutzen für die Gesundheit der Mitarbeitenden am größten ist.

- Ist die Entscheidung getroffen, in welchem Bereich neue Strategien
und Maßnahmen erforderlich sind, können mit den formulierten Bei-
spielen, wie sie exemplarisch in Abbildung 13 genannt und ausführlich
in Kapitel 6 ausgeführt sind, Ansatzpunkte gefunden werden. Auch
wenn es immer der Anpassung auf den konkreten Arbeitsbereich bedarf, können auf diese Weise erste Hinweise zur Identifizierung pas-
sender Maßnahmen gefunden werden.

- Die aktuell problematischste Entwicklung mit Blick auf die Krank-
heitsursachen ist die rapide Zunahme von psychischen Erkrankungen.
Da die Matrix mit den Handlungsfeldern „direkt vorgesetzte Führungskraft" und „Team" auch interaktionsspezifische Aspekte thematisiert, können viele Ursachen von psychischen Beanspruchungen beachtet und bearbeitet werden.

Mit diesem Vorgehen wird das salutogenetische Konzept zur Anwendung
gebracht. Wie oben beschrieben, geht es nicht darum, das Gefühl der Kohärenz der Mitarbeitenden zu stärken. Das ist angesichts der Konstanz des
Gefühls der Kohärenz nicht möglich. Es geht vielmehr darum, die Arbeit
in allen relevanten Handlungsfeldern so zu gestalten, dass möglichst alle
Mitarbeitenden die Möglichkeit haben, gesund zu arbeiten. Nicht die Mitarbeitenden und deren Kohärenzgefühl werden der Arbeit angepasst, sondern die Arbeit den Mitarbeitenden.

Es versteht sich von selbst, dass die in den letzten Jahren vorange-
schrittene Verdichtung der Arbeit nicht einfach aufgelöst werden kann.
Doch soll die geforderte Arbeit so gestaltet werden, dass auch Mitarbeitende mit einer niedrigen Ausprägung des Kohärenzgefühls die Arbeit
verstehen, handhaben und in ihr Bedeutung sehen können. Erfahren alle
Mitarbeitenden, dass sie dauerhaft mit ihren Fähigkeiten die Arbeit verstehen, handhaben und als sinnhaft erkennen können, stärkt dies mittel-
und langfristig das Kohärenzgefühl. Die Widerstandsfähigkeit wird all-
mählich steigen.

BELEV ist kein Konzept für die kurzfristige Verbesserung der Arbeitssituation, vielmehr soll es langfristige Aktivitäten konzeptionell begleiten.

Alle Maßnahmen und Überlegungen lassen sich mit der Matrix systema-
tisieren und auf diese Weise in einen gemeinsamen Zusammenhang über-
führen.

3.5 BELEV im Spiegel von Wissenschaft und Praxis

Eine systematisch ausgestaltete betriebliche Gesundheitsförderung findet
sich in Deutschland seit den 1980er-Jahren. Die hauptsächlichen Akteure waren die Krankenkassen, die darauf drängten, die betrieblich beding-
ten Gefahren für die Gesundheit zueinzudämmen beziehungsweise ihnen
vorzubeugen. Seit den 1990er-Jahren wird zunehmend deutlich, dass neben den Aktivitäten zur individuellen Gesundheitsförderung in der Arbeit
und in der Freizeit auch die Arbeitsorganisation und Arbeitsumgebung zu
berücksichtigen sind. Neben die Verhaltens- ist damit die Verhältnisprävention getreten.

Obwohl immer häufiger in Modellprojekten darauf hingearbeitet wird,
dass integrierte, ganzheitliche und partizipative Ansätze der Gesundheitsförderung zielführend sind, dominieren in der betrieblichen Praxis noch
oft medizinische Maßnahmen des Risikoausschlusses (Gröben 1999: 31).
Die primären betrieblichen Akteure sind dann die Fachkräfte für Arbeitssicherheit und die Betriebsärzte, die gemeinsam mit der Vertretung der
Mitarbeitenden und der Leitung direkte Gefahren bei der Arbeit zu vermeiden suchen.

Es lässt sich beobachten, dass, je größer ein Unternehmen ist, desto
eher die gesetzlichen Bestimmungen zum Arbeitsschutz eingehalten werden und desto wahrscheinlicher die Gestaltung der Gesundheit der Mitarbeitenden als Managementaufgabe angesehen wird. Komplexe und differenzierte Konzepte finden hier häufiger ihre Anwendung (Gröben 1999:
70).

Einheitliche Definitionen und Standards in der Gestaltung von gesundem Arbeiten lassen sich nicht identifizieren (Ruckstuhl 2011: 225f.).
Welche Ansätze in Unternehmen genutzt werden, hängt in der Regel von
durchgeführten Modellprojekten, von externen Beratern oder internen
Kompetenzträgern ab. Dementsprechend unterschiedlich sind die identifizierten Bedarfe, Ansatzpunkte und Lösungswege.

Dennoch lässt sich ein Trend feststellen. In zunehmendem Maße finden Ansätze Verbreitung, die auf Integration, Ressourcenorientierung
und Partizipation setzen:

- *Integration:* Nach wie vor gibt es viele Ansätze, bei denen entweder
  nur das Handlungsfeld der individuellen Vorsorge (vgl. Gröben 1999;
  Steinbach 2007; Naidoo/Wills 2010) oder dieses zusammen mit der

Arbeitsorganisation im Zentrum stehen (vgl. den Aufbau des Sammel-
bands von Meifert/Kesting 2004). Demgegenüber zeigt sich in Modellprojekten immer mehr die Tendenz, mehrere unterschiedliche Handlungsfelder zu bearbeiten. Führung und Team kommen dann in den
Blick, sodass immer mehr Bereiche berücksichtigt werden, die Einfluss auf die Gesundheit der Mitarbeitenden haben (vgl. Münch et al.
2004; Huber 2010; Tempel et al. 2010).

- *Ressourcenorientierung:* Ebenfalls zeigt sich die zunehmende Orientierung an präventiven Aktivitäten. Hier geht es dann stärker darum,
die vorhandenen Ressourcen zu stärken, damit krankheitsbeding-
te Arbeitsausfälle möglichst erst gar nicht vorkommen. In öffentlichen Verlautbarungen und in Modellprojekten wird es inzwischen als
selbstverständlich angesehen, dass frühzeitige Aktivitäten nicht nur
für die Mitarbeitenden angenehmer, sondern auch für die Unternehmen günstiger sind. In der Praxis hat sich diese Selbstverständlichkeit
freilich noch nicht durchgesetzt.

- *Partizipation:* Während der betriebliche Arbeitsschutz nach wie vor
weitgehend ohne die direkte Beteiligung der Mitarbeitenden arbei-
tet, haben sich für die Gestaltung gesunden Arbeitens Befragungen
in unterschiedlicher Form immer weiter verbreitet. Auch die Beteiligung von Mitarbeitenden bei der Entwicklung und Umsetzung von
Maßnahmen wird häufiger realisiert (vgl. Huber 2010: 70f.; Friczewski
2010). Gesundheit als ein Thema des Lernens für alle Beschäftigten ist
nach wie vor eher ungewöhnlich. BELEV nimmt hier eine Sonderrolle
unter den vielen derzeitigen Modellprojekten ein.

Die Gestaltung der Gesundheit ist, wie es auch bei dem Konzept BELEV
anschaulich wird, ein unternehmensweiter Prozess, der systematisch einzuführen ist. Der Prozess ist zyklisch (von der Analyse zur Evaluation),
interaktiv (Beteiligung unterschiedlicher Akteure), institutionalisiert (ei-
gens dafür zuständige Gremien) und kontinuierlich (Langfristigkeit der
Bemühungen). Auch wenn es auf betrieblicher Ebene nach wie vor singu-
läre Aktivitäten(z. B. Wellnesstage) gibt, ist die Forschung sich darin einig,
dass es dieses umfassenden Prozesses in der Organisation bedarf (Münch
et al. 2004: 23; Huber 2010).

Insbesondere von Seiten der Organisationsentwicklung, Psychologie
und Pädagogik wird immer wieder der Ansatz der Salutogenese eingebracht (vgl. Münch et al. 2003. 13ff.; Schnabel 2007: 81ff.; Steinbach 2007:
117ff.). Viele Modellprojekte versuchen den alternativmedizinischen Ansatz fruchtbar zu machen. Auffällig ist dabei, dass es kaum gelingt, diesen systematisch in die Gesundheitsförderung zu integrieren. Häufig findet die Salutogenese Erwähnung, ohne jedoch praktischen Niederschlag
zu finden (vgl. Hofmann 2010). Anspruchsvollere Ansätze nutzen sie, um
die Bedarfe zu erheben und die Handlungsfelder zu gestalten. Eine syste-

matische Einbindung des Konzepts findet sich bislang jedoch nicht. Damit hängt es am Beharrungsvermögen der verantwortlichen Akteure, inwieweit dieser ressourcenorientierte Ansatz zur Anwendung kommt. Mit der konzeptionellen Einbindung der Salutogenese betritt BELEV folglich Neuland.

3.6 BELEV und das christliche Profil

Das Konzept „BELEV – Gesundes Arbeiten gestalten" ist im Diakonischen Werk Württemberg für die Kontexte der Arbeit in den diakonischen Einrichtung und Diensten entwickelt worden. Die Anwendung des Konzepts ist jedoch nicht auf die christlich geprägte Arbeit in sozialen Einrichtungen beschränkt. Auch in anderen Kontexten kann es Anwendung finden und wurde es bereits erfolgreich eingesetzt. Dennoch ist die Anschlussfähigkeit an die christlichen Grundlagen des Handelns und Arbeitens gegeben (umfassendere Ausführungen dazu in dem Aufsatz von Fetzer und Schad im Sammelband). Zeigen lässt sich dies mindestens an den folgenden drei Punkten: dem Begriff BELEV selbst, dem Verhältnis von Gesundheitsmanagement und der Gestaltung gesunden Arbeitens sowie der Bedeutung von Sinnhaftigkeit.

Der Begriff „BELEV"

Der Begriff des Konzepts enthält den hebräischen Begriff für Herz. Im Hebräischen ist das Herz nicht nur einOrgan oder der Ort der Emotionen, gar der Liebe, wie es die deutsche Spracheversteht. Über diese Bedeutungen hinausgehend bestimmt das Herz die rational-intellekturelle Tätigkeit des Menschen, indem in ihm grundlegendes Verstehen stattfindet. Belev heißt wörtlich übersetzt: ins Herz, ins Bewusstsein. Im Englischen ist die begriffliche Verbindung von Herz und Verstehen in Ausdrücken wie „knowing by heart" oder „learning by heard" auch heute noch sichtbar.

Das Konzept BELEV greift diese Wortbedeutung insofern auf, als das Verstehen und Kennen der Systematik für die Anwendung und Nutzung des Konzepts von wesentlicher Bedeutung ist (vgl. Kap. „BELEV als Lernprozess"). Wenn möglichst alle Akteure verstanden haben, was das Konzept aussagt, welche Hinweise es geben kann und wie es genutzt werden kann, ist die Organisation insgesamt und sind die Mitarbeitenden in der Lage sehr differenziert Verbesserungsmöglichkeiten zu sehen und entsprechende Veränderungen einzuleiten. Es sind dann die Veränderungen, die

Mitarbeitenden dort entlasten, wo sie durch die Arbeit am stärksten oder am unnötigsten belastet werden.

Darin kommt eine Wertschätzung und Achtung der Mitarbeitenden zum Ausdruck. Mitarbeitende sind keine uniformen Kennzahlenträger zur effektiven Realisierung der Aufgaben, sondern Subjekte mit eigenen Geschichten, eigenen Wünschen und eigenen Bedürfnissen. Diese müssen ernst genommen und beachtet werden. Aus diesem Grund beinhaltet die Analyse in dem Konzept immer die differenzierte Befragung der Mitarbeitenden, bzw. ermöglicht ihnen die Reflexion der BELEV-Matrix laufendVerbesserungsideen für die Gestaltung ihrer Arbeit zu finden. Je besser sie mit dem Herzen das Konzept verstanden haben, desto besser werden sie sich einbringen können.

Gesundheitsmanagement versus Gestaltung gesunden Arbeitens

Was mit dem Konzept „BELEV – Gesundes Arbeiten gestalten" beschrieben ist, findet sich häufig auch unter der Überschrift „Gesundheitsmanagement". Dennoch wird auf diesen Begriff weitgehend verzichtet. Stattdessen ist von der Gestaltung der Arbeit die Rede. Der Grund dafür liegt in der Überzeugung, dass weder die Gesundheit der Menschen und noch weniger die der Mitarbeitenden „gemanagt" werden können.

Management entstammt den lateinischen Begriffen von Hand (manus) und leiten beziehungsweise führen (agere). In der Kombination bedeutet dies so viel wie „an der Hand führen". In dem Begriff Management kommt dies nach wie vor sehr deutlich zum Ausdruck. Im Kern geht es immer um die Steuerung, die Leitung und das Machen. Souveränität wird suggeriert, wo – wie die Systemtheorie lehrt – nur sehr eingeschränkter Einfluss möglich ist.

Gesundheit, so die Überzeugung, ist jedoch nicht verfügbar. Selbst auf die eigene Gesundheit bezogen, lassen sich die Rahmenbedingungen günstig gestalten, aber ob sich Gesundheit einstellt beziehungsweise erhalten bleibt, ist nicht gewiss. In verstärktem Maße kommt dies bei der Gesundheit der Mitarbeitenden zum Tragen. Auch wenn es möglich wäre, diese direkt zu beeinflussen, obläge dies doch ausschließlich den Mitarbeitenden selbst.

Der Anspruch kann also nicht das Managen der Gesundheit der Mitarbeitenden, sondern die Gestaltung der Arbeit zur Beförderung der Gesundheit der Mitarbeitenden sein. Der Anspruch ist also deutlich geringer. Gesundheit bleibt letztlich unverfügbar – auch wenn wir einiges für sie tun können. Darin kommt die menschliche Begrenzung zum Ausdruck, die in der christlichen Anthropologie eine wichtige Rolle spielt.

Die Bedeutung von Sinnhaftigkeit

Auf der Grundlage des alternativmedizinischen Konzepts der Salutogenese wurde neben zwei weiteren Prinzipien die Sinnhaftigkeit genannt. Diese ist für ein langfristig gesundes Arbeiten erforderlich. Wo Tätigkeiten nicht erkennen lassen, welchem Zweck sie dienen, werden diese schnell nur widerwillig ausgeführt. Der äußere Zwang zu diesen Tätigkeiten kann dann Erkrankungen befördern.

Konkret bedeutet dies, dass jede Mitarbeiterin und jeder Mitarbeiter sehen müssen, warum die eigene Arbeit sinnhaft und wichtig ist. Es reicht also nicht aus, dass das obere Management die Arbeit als wichtig einstuft. Auf individueller Ebene muss der Zweck der Arbeit sinnhaft definiert sein. Dieser subjektive Zweck kann sehr vielgestaltig sein: Für den einen kann dies die materielle Entlohnung sein, für einen anderen ist es die immaterielle Bestätigung bei der Arbeit durch die Klienten. Es kann direkt die Freude an der Arbeit sein, aber auch die Sicherheit des Arbeitsplatzes oder der eigene Karriereweg. Ebenso können die Anerkennung durch die Vorgesetzten, die Freude an der Tatsache einen Job zu haben oder die Finanzierung der Familie als Sinn angesehen werden.

So verschieden die individuellen Motive und Gründe für die Arbeit sind, die Möglichkeiten zur Unterstützung der Sinnhaftigkeit sind gerade in diakonischen Einrichtungen und Diensten in mehrfacher Weise direkt greifbar:

- *Sinn durch Tätigkeit im Team:* Soziale Arbeit findet in der Regel als eine stark interaktive und kooperative Tätigkeit statt. Das gemeinsame „Ziehen am gleichen Strang" dient vielen Beschäftigten als Motivation für die Arbeit.
- *Sinn durch soziale Tätigkeit:* Gegenüber vielen Branchen haben die verschiedenen Hilfebereiche der Sozialwirtschaft den großen Vorzug, dass der Zweck der Arbeit direkt einsichtig ist: Menschen erfahren durch die Arbeit wesentliche Unterstützung. Die Zielbestimmung der Einrichtungen und Dienste ist für viele Mitarbeitende in gleicher Weise ein Auftrag.
- *Sinn durch diakonische Tätigkeit:* In diakonischen Einrichtungen und Diensten ist die Tätigkeit in größere, transzendente Kontexte eingebunden. In den verschiedenen Leitbildern ist dies grundgelegt und konkret gefasst.

Die Vielfalt der Möglichkeiten in diakonischen Einrichtungen und Diensten, den Sinn der Arbeit zu unterstützen, ist zugleich eine große Gefahr: Sie schafft Erwartungen. Stellt die Kooperation im Team eine Belastung dar, lässt sich nicht erkennen, inwiefern die Klienten von den eigenen Aktivitäten profitieren oder lässt sich das Leitbild nicht mit der Realität des Arbeitens in Verbindung bringen, untergräbt dies die Sinnhaftigkeit des Arbeitens deutlich. Werden dagegen die Möglichkeiten genutzt, wie sie insbesondere in diakonischen Einrichtungen und Diensten bestehen, kann relativ leicht die Sinnhaftigkeit der Arbeit für alle Mitarbeitenden gestärkt und gestützt werden.

4. Gestaltung von Umsetzungsprojekten

Mit der Beschreibung der Gestaltung von Umsetzungsprojekten kommen die Erfahrungen aus der Praxis mit dem oben beschriebenen Konzept in den Blick. Dabei geht es weniger darum, wie im Ideal Prozesse und Strukturen in betrieblichen Umsetzungsprojekten beschaffen sein können, sondern wie sie sich in der Praxis in unterschiedlichen Kontexten bewährt haben und was sich jeweils als schwierig herausgestellt hat.

4.1 Planung von Prozessen

Der vielfach in Handbüchern beschriebene Kreislauf von Analyse, Konzeptentwicklung, Maßnahmenumsetzung und Evaluation hat sich in so vielen Kontexten als hilfreich erwiesen, dass es klug erscheint an ihm festzuhalten. Auch bei der Einführung des Konzepts BELEV wurde dieser Kreislauf angewendet. Im Folgenden wird beschrieben, wie die jeweiligen Phasen für das Konzept BELEV inhaltlich gestaltet werden können.

In Abbildung 14 sind die Phasen des BELEV-Kreislaufs als Säulen dargestellt. Basis und Voraussetzung für einen solchen Kreislauf ist die verbindlich zugesagte Unterstützung der Unternehmensleitung. Nur wenn geklärt ist, dass die Geschäftsführung beziehungsweise der Vorstand die nötigen Veränderungen mittragen wollen, ist es sinnvoll den Prozess zu beginnen. Das Konzept gibt den Rahmen und das Durchlaufen der verschiedenen Phasen kann und muss als ein Lernprozess für Mitarbeitende und Führungskräfte aufgefasst werden: Je besser alle betrieblichen Akteure das Konzept verstehen, desto wirksamer kann es genutzt werden.

Für einen ersten Durchlauf hat sich die externe Begleitung als sehr lohnenswert herausgestellt. Diese kann Sitzungen moderieren, bei der Einübung des Vorgehens entlang des Kreislaufs unterstützen und die inhaltlichen Möglichkeiten des Konzepts erschließen helfen. Für den Projektauftakt, die Begleitung bei der Bedarfserhebung sowie bei der Maßnahmenplanung im Strategieworkshop hat sich dies als erforderlich gezeigt. Als realistischer Mindestaufwand sind je nach Größe der Einrichtung zwei bis vier Beratungstage empfehlenswert.

Kompetente Beraterinnen und Berater wurden für die ersten Implementierungen des Konzepts geschult. Das Diakonische Werk Württemberg kann Kontakte zu den externen Beraterinnen und Berater herstellen.

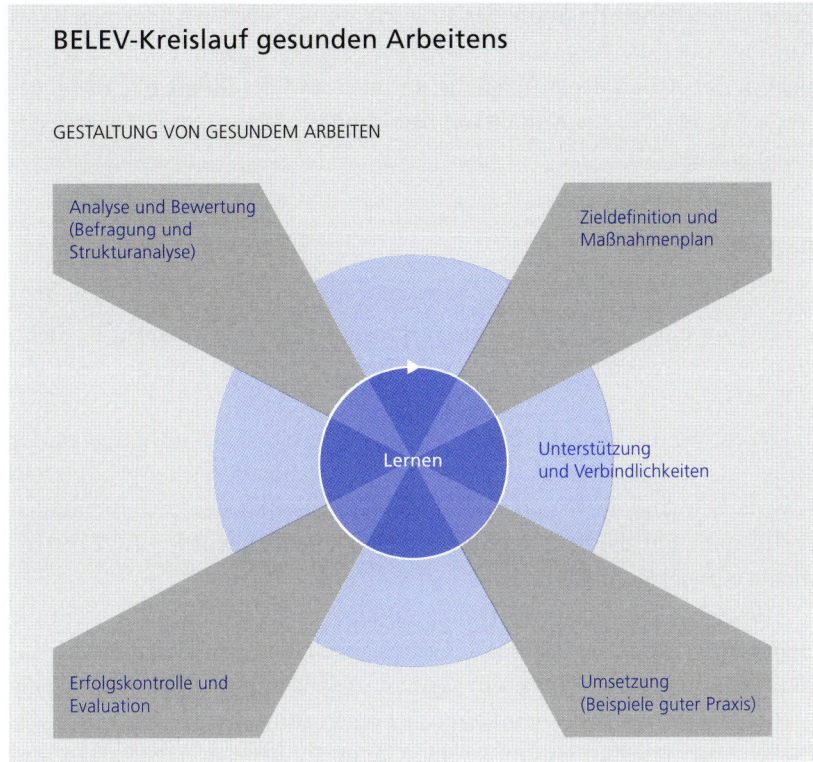

Abb. 14: BELEV-Kreislauf als dauerhaftes Regelinstrument für die Gestaltung gesunden Arbeitens. Quelle: Eigene Darstellung.

Auftaktveranstaltung

Zur Initiierung des Kreislaufs ist eine Auftaktveranstaltung erforderlich, bei der das einrichtungsinterne Umsetzungsprojekt geplant wird. Hier werden die Grundlagen gelegt, damit eine dauerhaft wirksame Aktivität passend für die Organisation aufgebaut werden kann. Folgende Punkte sind bei der Auftaktveranstaltung zu klären:

- Planung und Besetzung der Arbeitsgruppe zur Einführung des Konzepts BELEV
- Beauftragung der Arbeitsgruppe durch die Einrichtungs- beziehungsweise Unternehmensleitung
- Zeitliche Festlegung des Projektzeitraums für die Einführung
- Klärung der Ressourcen und Befugnisse der Arbeitsgruppe und Festlegung der Rollen innerhalb der Arbeitsgruppe
- Einführung in das Konzept BELEV für die Arbeitsgruppe und die weiteren relevanten Entscheidungsträger
- Planung der Bedarfsanalyse in der Einrichtung

Zwar können sich im Laufe des Projekts immer wieder Änderungen des Auftrags oder der Besetzung der Arbeitsgruppe ergeben, doch sollten zu Beginn der Arbeit der prinzipielle Rahmen und die Möglichkeiten abgesteckt werden. Für die Auftaktveranstaltung ist mindestens ein halber Arbeitstag sinnvoll.

Bedarfsanalyse

Zu Beginn eines jeden Entwicklungsprozesses, der den Anspruch erhebt, zielgenau zu wirken, sind die Handlungsbedarfe zu erheben. Einrichtungsinterne Umsetzungsprojekte nach dem Konzept BELEV sollen dort ansetzen, wo die Verstehbarkeit, Handhabbarkeit oder Sinnhaftigkeit der Arbeit als ausbaufähig erkannt werden. In welchen Bereichen Aktivitäten erforderlich sind, lässt sich nur in Rücksprache mit den Mitarbeitenden bestimmen. Für die Beteiligung von Mitarbeitenden wurden zwei Instrumente entwickelt und erprobt.

BELEV – Die Befragung: Die Befragung von Mitarbeitenden greift die Aspekte der BELEV-Matrix auf. Gezielt werden die jeweiligen Felder daraufhin untersucht, wie sie die tägliche Arbeit unterstützen oder untergraben. Darüber hinaus beinhaltet sie Fragen zur individuellen Arbeitsfähigkeit, zur Arbeitssituation, zu den Gefährdungen am Arbeitsplatz und zu möglichen Verbesserungswünschen (für weitere Informationen zur Durchführung der Befragung siehe Kap. 7).

Für die Durchführung der Befragung ist die Genehmigung der Mitarbeitendenvertretung erforderlich. Nicht nur aus diesem Grund ist eine umfassende und vertrauensvolle Zusammenarbeit mit der Vertretung der Mitarbeitenden sinnvoll. Häufig können von dieser Seite wichtige Hinweise zur Durchführung der Befragung und zur Auswertung der Ergebnisse eingebracht werden. Zudem ist die Mitarbeitendenvertretung für die einrichtungsinterne Werbung für die Befragung ein wichtiger Kooperationspartner. Sie kann glaubwürdig Vorbehalte der Beschäftigten hinsichtlich des Nutzens und des Datenschutzes ausräumen.

Auch aufgrund der guten Kooperation mit der Vertretung der Mitarbeitenden wurde die Befragung von Beschäftigten in den elf bislang beteiligten Einrichtungen sehr positiv aufgenommen. Dafür spricht die Rücklaufquote von bis zu 95 Prozent. Entscheidend für eine gute Beteiligung ist neben der umfassenden Information zur Befragung und zu dem einrichtungsinternen Projekt insbesondere die glaubwürdige Darstellung, dass die Einrichtung die Ergebnisse für Veränderungen nutzen möchte.

Informationen zur Befragung für die Mitarbeitenden haben die Einrichtungen über vier unterschiedliche Wege weitergegeben, die auch miteinander kombinierbar sind:

- Die Mitarbeitenden können über ihre Vorgesetzten informiert werden. Dies setzt zunächst eine gute Information der Führungskräfte voraus und zeigt den Mitarbeitenden gleich an, dass die Befragung im eigenen Bereich für Veränderungen genutzt werden soll.
- Die Kommunikation kann über die Mitarbeitendenvertretung gestützt und getragen werden. Dadurch können mögliche Ängste und Vorbehalte ausgeräumt werden. In vielen Einrichtungen wurde das Gesprächsangebot der Mitarbeitendenvertretung von den Beschäftigten in Anspruch genommen.
- Um schnell alle Mitarbeitenden zu erreichen, kann ein Infoblatt erstellt werden, das beispielsweise der Gehaltsabrechnung beigelegt wird. Zwar werden damit alle Beschäftigten erreicht, doch ersetzt die schriftliche Information nicht den mündlichen und persönlichen Austausch.
- Ein breit angelegter Austausch ist schließlich auch über Versammlungen von Mitarbeitenden möglich. Hier können in breiter Runde Fragen beantwortet und Vorbehalte ausgeräumt werden. Der Vorteil dieser Form ist, dass sich auch die Einrichtungsleitung gemeinsam mit der Mitarbeitendenvertretung für die Befragung einsetzen kann.

Die Anonymität der Mitarbeitenden wird bei der Befragung und Auswertung sichergestellt. Die Fragebögen erhält nur das durchführende Forschungs- und Beratungsinstitut, das diese weder herausgibt noch so auswertet, dass Rückschlüsse auf Einzelpersonen möglich sind. Auswertungen von einzelnen Bereichen werden nur dann erstellt, wenn mindestens vier Antworten aus dem Bereich vorhanden sind. Auch Kombinationsauswertungen von Alter, Geschlecht und Abteilung werden (wenn überhaupt) nur so vorgenommen, dass einzelne Befragte nicht identifizierbar sind. Auf personenbezogene Daten hat der Arbeitgeber an keiner Stelle Zugriff.

Die Auswertung der Befragung beinhaltet viele einzelne Darstellungen zu den Durchschnittswerten der einzelnen Fragen. Um eine schnelle Übersicht zu erhalten, gibt es eine Übersichtsmatrix, die bezogen auf die BELEV-Matrix die Fragen zusammenfasst. Für diese zusammengefassten Werte sind Vergleichswerte aus allen Einrichtungen hinterlegt, sodass auf einen Blick eine erste Einschätzung möglich ist.

In Abbildung 15 ist dies exemplarisch dargestellt. Diese Einrichtung ist in drei Handlungsfeldern unterdurchschnittlich (dunkelblaue Einfärbung) und in fünf Handlungsfeldern überdurchschnittlich (hellblaue Einfärbung) aufgestellt. Bezogen auf die Handhabbarkeit (mittlere Zeile) bewerten die Mitarbeitenden die Einrichtung mit durchschnittlichen Werten. Die Zusammenarbeit im Team scheint auf den ersten Blick ausbaufähig zu sein. Was dies jeweils konkret bedeutet, kann geklärt werden,

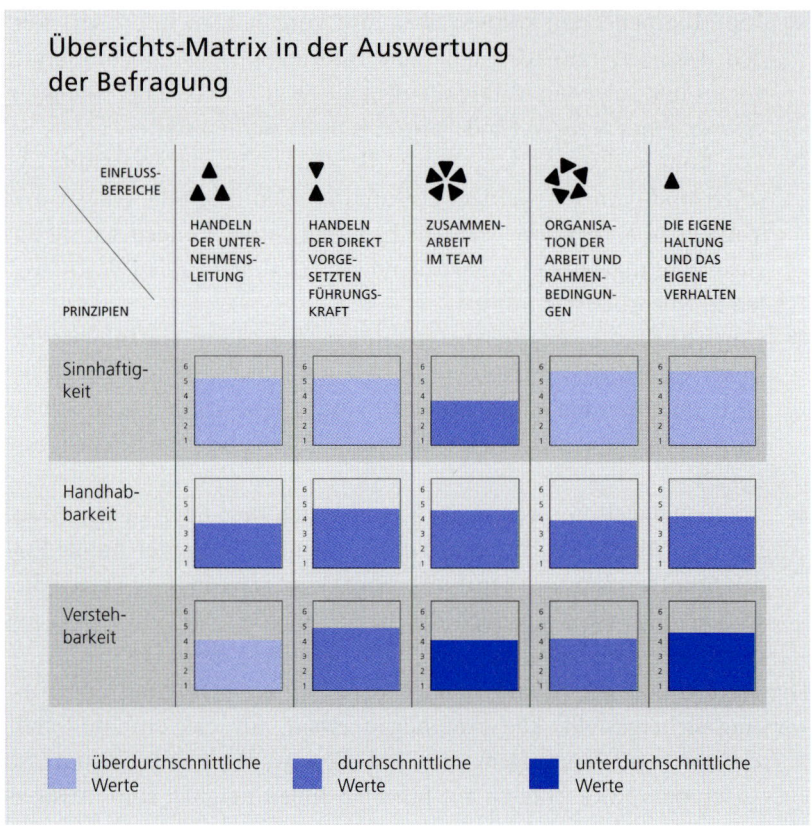

Abb. 15: Übersichts-Matrix in der Auswertung der Befragung. Quelle: Eigene Darstellung.

wenn man die Antworten auf die Fragen durchsieht, die bei den jeweiligen Feldern im Hintergrund stehen.

Die Auswertung der Befragung beinhaltet nicht nur die Analyse der Einrichtung insgesamt, sondern kann, differenziert nach zuvor definierten Unterbereichen, spezifische Handlungsbedarfe ausweisen. Auf diese Weise können auch Besonderheiten aus einem Arbeitsbereich aufgegriffen und bearbeitet werden.

BELEV – Das Spiel: Für eine deutlich niederschwelligere Bedarfserhebung kann das Spiel genutzt werden, das im Kontext des Projekts „Chronos – den demografischen Wandel gestalten" entwickelt wurde. Es kann sowohl dazu dienen, die Mitarbeitenden und Führungskräfte in das Konzept einzuführen (vgl. dazu auch das Kapitel „BELEV als Lernprozess") als auch dazu, Verbesserungen in den Feldern der Matrix zu bearbeiten (Weitere Informationen zur Beschaffenheit des Spiels finden sich in Kap. 7).

Wird das Spiel für die Bedarfsanalyse eingesetzt, bearbeiten Mitarbeitende eines Bereichs oder einer Einrichtung die Felder der Matrix. Sie tragen zusammen, wie die Arbeit, ausgehend von den vorhandenen Bedingungen und Möglichkeiten, verbessert und verändert werden könnte. Spielkarten beinhalten Fragen zu den Feldern, die durch Holzbausteine repräsentiert sind. Mit Würfeln können die Felder der Matrix nach dem Zufallsprinzip ausgewählt werden.

Nach Möglichkeit geschieht die Anwendung des Spiels im Rahmen eines abgeschlossenen Workshops, für den circa drei Stunden eingeplant sein sollten. Alternativ könnte sich ein Team in jeder Teamsitzung ein Handlungsfeld erarbeiten. Diese zweite Variante eignet sich besonders dann, wenn nach einer bereits erfolgten Befragung der Mitarbeitenden ein erneuter Impuls für die Beschäftigung mit dem Konzept gegeben werden soll.

Strategieworkshop

Die Ergebnisse der Bedarfsanalyse bedürfen stets der Interpretation durch die Akteure vor Ort. Keine noch so differenzierte Aufstellung der Problemanzeigen kann die Diskussion vor Ort ersetzen. In dem Strategieworkshop werden die Ergebnisse der Analyse zur Diskussion gestellt.

Insbesondere bedarf es der Diskussion der Befragungsergebnisse. In den Diskussionen mit den beteiligten Akteuren vor Ort hat sich immer wieder gezeigt, dass es keinen Automatismus zwischen dunkelblau eingefärbten Feldern in der Übersichtsmatrix und Handlungsbedarf gibt.

Eindrücklich war die einhellige Aussage in der Arbeitsgruppe der Einrichtung, bei der die Unternehmensleitung unterdurchschnittlich bewertet wurde. Da sich dort derzeit umfassende Veränderungen ergeben, war es den Beteiligten wichtiger, dass die Handlungsfelder zum Team und der direkt vorgesetzten Führungskraft als Ressource erlebt werden. Die mittelblau eingefärbten Felder in diesen Bereichen wurden demgegenüber als besonderer Handlungsbedarf angesehen, da bei den anstehenden Veränderungen hier großer Ressourcenbedarf bestand. Dass der Vorstand in dieser Situation kritischer gesehen wurde, erschien sowohl plausibel als auch akzeptabel. Nach Abschluss der Veränderungen sollten dann diese Handlungsfelder bearbeitet werden.

Beim Strategieworkshop diskutieren die Mitglieder der Arbeitsgruppe die Ergebnisse der Bedarfserhebung. Folgendes Vorgehen hat sich dabei als hilfreich erwiesen:

Die in der Tabelle dargestellten Zeitumfänge sind mindestens zu veranschlagen. Ein halber Tag erscheint nur in einer sehr kleinen Einrichtung

Ablauf eines Strategieworkshops

DAUER	INHALT	METHODE
15 min	Erinnerung an das Konzept BELEV	Impuls
90 min	Vorstellung und Diskussion der Analyseergebnisse	Präsentation der Analyseergebnisse. Die Aspekte in der Diskussion werden auf Karten geschrieben und an einer Pinnwand gesammelt.
15 min	Entwicklung von Themenbereichen, die zur Bearbeitung anstehen	Die Karten werden nach Themen sortiert und Oberbegriffe werden gebildet.
15 min	Gewichtung der Themenbereiche	Die Teilnehmer punkten die Oberbegriffe, die als besonders drängend empfunden werden.
60 min	Entwicklung von Zielen und Benennung von dazugehörigen Maßnahmen zu den wichtigsten Themenbereichen	Aus den Oberbegriffen werden Ziele definiert. Den Zielen werden Maßnahmen zugeordnet. Die gesammelten Kärtchen können als Anforderungen für die Umsetzung abgetragen werden.
15 min	Verabredung weitere Schritte und Treffen	

Abb. 16: Ablauf eines Strategieworkshops. Quelle: Eigene Darstellung.

mit keinen oder sehr wenigen Unterbereichen als realistisch. In mittleren und größeren Einrichtungen ist es besser, einen ganzen Tag einzuplanen.

Die Diskussion der Analyseergebnisse ist entscheidend für den Projekterfolg. Themen, Fragen und Probleme, die hier nicht benannt werden, gehen für den gesamten Prozess verloren. Entscheidend ist deshalb, dass sich die Beteiligten genügend Zeit nehmen, sich über Besonderheiten, Überraschungen und Erwartetes austauschen. Eine externe Beratung kann dabei sehr wichtig sein. Sie hat folgende Funktionen:

● *Inhaltliche Zurückhaltung*: Die Beratung wird nicht in der Lage sein, eine passende und plausible Interpretation der Ergebnisse zu liefern – dies können nur die Akteure aus der Einrichtung. Sie kann aber auf Besonderheiten aufmerksam machen und kann durch wiederholtes Nachfragen dafür sorgen, dass nicht leichtfertig über einzelne Themen hinweggegangen wird.

● *Wertschätzende Kommunikation:* Da die Ergebnisse der Analyse zu sehr kontroversen Diskussionen führen können, kommt der Beratung die Aufgabe zu, die Diskussion auf der sachlichen Ebene zu halten. Gibt es bei der Befragung neben der Auswertung für die gesamte Einrichtung auch Subgruppen, bedarf es eines sehr umsichtigen Vorgehens. Möglich ist, dass Führungskräfte in ihrer Leitungskompetenz deutlich unterdurchschnittlich bewertet werden. Wichtig ist in einem solchen Fall, dass es nicht zu Schuldzuweisungen kommt, sondern Wege der Lösungsfindung und der individuellen Unterstützung gesucht werden.

● *Lösungsorientierte Prozessgestaltung:* Wenn Probleme und Schwierigkeiten diskutiert werden, ist dies nur solange hilfreich, wie dies zu einer Klärung der Ausgangssituation führt. Für die Erarbeitung von Lösungen und die Entwicklung von Maßnahmen ist der Fokus hingegen auf Ziele und geklärte Situationen zu richten. Diesen Perspektivenwechsel muss die Beratung unterstützen.

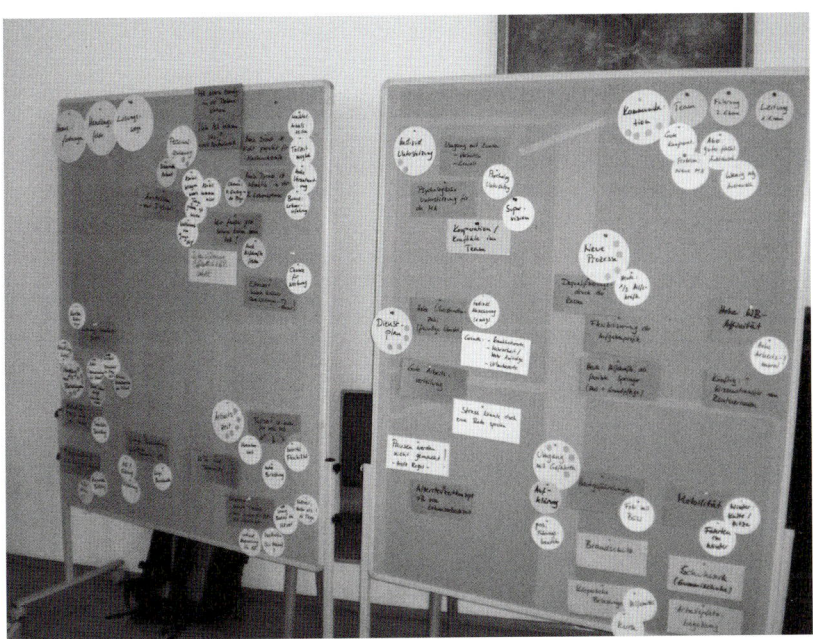

Abb. 17: Dokumentation der in der Diskussion genannten Handlungsbedarfe in einer Einrichtung. Quelle: Eigene Darstellung.

Die schriftliche Dokumentation aller in der Diskussion genannten Themen auf Karten an einer Pinnwand (vgl. Abb. 19), bringt dreierlei Vorteile:

● Alle Themen, nicht nur die in der Diskussion ausführlich diskutierten, werden fixiert und damit für die weitere Bearbeitung erhalten. Wenn viele Themen in der Diskussion genannt werden, fällt es den Teilnehmenden in der Regel schwer alle in Erinnerung zu halten.

● Im weiteren Prozess der Bearbeitung der Themen können die Aufzeichnungen hinzugezogen werden, um das ursprünglich leitende Interesse in Erinnerung zu rufen. Dies beugt der Tendenz vor, dass Themenfelder bei der Maßnahmenentwicklung und -bearbeitung eine Veränderung erfahren. Die Aufzeichnung unterstützt dann die Erfolgskontrolle.

● Wurden die zunächst identifizierten Handlungsbedarfe abgearbeitet, können die weiteren Themen in den Blick genommen werden. Die Dokumentation dient in diesem Fall als Themenspeicher für künftige Aktivitäten.

Das Ergebnis eines Strategieworkshops ist in der Regel ein Maßnahmenplan, der beschreibt, in welcher Zeit mit welcher Verantwortung welches Ziel durch welche Maßnahmen erreicht werden soll. Die auf den Kärtchen genannten Aspekte zu den jeweiligen Themenfeldern werden darin aufgenommen. Auf diese Weise werden die Ziele und die Bedingungen für die Umsetzung auf die operative Ebene überführt und für die Weiterarbeit festgehalten.

Maßnahmenumsetzung

Der im Strategieworkshop entwickelte Maßnahmenplan ist das Instrument, das die Umsetzung begleitet. Die hier hinterlegten Themen und Fristen sind die Maßgabe für die Umsetzung. Kommt es zu Änderungen, Erweiterungen oder Verzögerungen, sollte dies im Maßnahmenplan entsprechend vermerkt werden. Werden Aktivitäten abgeschlossen, kann dies dort gut dokumentiert werden.

Welche und in welchem Umfang Maßnahmen in welcher Zeit abgearbeitet werden können, hängt von den vorhandenen Ressourcen ab. Dies ist bereits im Rahmen des Strategieworkshops zu berücksichtigen.

Die geplanten Maßnahmen können sehr unterschiedlicher Natur sein. Ausführlich wird dies im Rahmen der Praxisbeispiele in Kapitel 5 beschrieben. Als typische Aktivitäten lassen sich folgende nennen:

● In einigen Einrichtungen war die Gestaltung von Arbeitszeiten ein zentrales Thema. Insbesondere in der Altenhilfe ging es darum, geteilte Dienste zu reduzieren oder gar abzuschaffen.

● Manche Einrichtungen haben zur Verbesserung der Kommunikation neue Aktivitäten geplant. Dabei lag der Fokus auf der Planung und Festlegung von Kommunikationswegen und Kommunikationsmedien.

- Es gab Einrichtungen, welche die Interaktion im Team verbessern wollten, sodass Teambesprechungen, Formen und Wege des informellen Austauschs oder die Erhöhung der Transparenz der Arbeitsaufgaben im Zentrum standen.

Diese Beispiele zeigen, in welcher Weise viele Umsetzungsschritte abgelaufen sind. Stets ging es in der Arbeitsgruppe darum, sich einen Themenbereich genauer anzusehen und Schritte zur Realisierung des im Maßnahmenplan beschriebenen Ziels zu planen. Dabei sind jeweils die in den Einrichtungen gegebenen Bedingungen zu berücksichtigen. Zeichnet sich beispielsweise ab, inwiefern die Arbeitszeit und die Arbeitsprozesse anders gestaltet werden müssen, damit die geteilten Dienste wegfallen, so muss dies von den Verantwortlichen beschlossen und den Betroffenen mitgeteilt werden.

Die Maßnahmen sind nicht notwendigerweise mit zusätzlichen Kosten verbunden. Dies kann jedoch der Fall sein:

- In einigen Einrichtungen wurden auch Interventionen auf der Ebene von Mitarbeitenden geplant. Eine Einrichtung hat Impulse zur Kommunikation auf der Ebene der Mitarbeitenden angeboten. Hier fallen Kosten für die Trainings im Team an.
- Themen der klassischen Gesundheitsförderung wie das Angebot einer „Rückenschule" oder die Kooperation mit einem Fitnessstudio standen in anderen Einrichtungen auf der Agenda. Die Kurs- beziehungsweise Referentengebühren sind von der Einrichtung zu tragen, sofern kein externer Kostenträger (z. B. Krankenkasse) dafür aufkommt.
- Die Anschaffung von technischen Hilfsmitteln kann ebenfalls eine Folge sein. Eine Einrichtung hat für einen Arbeitsbereich einen zusätzlichen Lifter angeschafft.

Wie die Praxisbeispiele (vgl. Kapitel 5) zeigen, geht es in der Regel um eine Mehrzahl von Maßnahmen, die je unterschiedlichen Charakter haben. Welche Ressourcen im Rahmen der Umsetzung genutzt werden, hängt von den Möglichkeiten der jeweiligen Einrichtung ab. Wo die Anschaffung eines zusätzlichen Lifters die eingeplanten Möglichkeiten übersteigen würde, müsste die Arbeitsgruppe unter diesen Bedingungen nach Lösungen suchen. Anforderung an die Arbeitsgruppe ist es nicht, ideale Lösungen zu finden, sondern Lösungen, die unter den gegebenen Bedingungen für die Einrichtung hilfreich sind.

Evaluation

Mit der Evaluation schließt sich in dem Konzept der Kreislauf von Analyse, Planung, Umsetzung und Evaluation insofern, als die Instrumente zur Bedarfserhebung so gestaltet sind, dass sie sich auch zum Monitoring einsetzen lassen. Auf diese Weise lassen sich Fortschritte, Veränderungen und Rückschritte gut sichtbar machen.

- Das erneute Einsetzen der Befragung macht deutlich, ob die Aktivitäten in den als relevant angesehenen Bereichen erfolgreich waren. Um den Effekt auszuschließen, dass beispielsweise neue und hoch motivierte Mitarbeitende die Ergebnisse beschönigen, ermöglicht die Befragung, dass die Fragebögen der Personen, die an einer ersten Befragung teilgenommen haben, mit den Fragebögen jeder weiteren Befragung verglichen werden. Dadurch lassen sich auf der Basis auch einer vergleichsweise dünnen Datenbasis belastbare Aussagen über Veränderungen sichtbar machen. Dafür sind Vergleichscharts vorgesehen, in denen die aktuellen Ergebnisse den älteren gegenübergestellt sind.

  Das Verknüpfen mehrerer Fragebögen einer einzigen Person wird über einen Code ermöglicht, den die Mitarbeitenden ohne Weiteres nach einigen Jahren erneut verwenden können, den aber kein Arbeitgeber nutzen kann. Selbst wenn also der Arbeitgeber die Fragebögen erhalten würde, was jedoch durch die Gestaltung des Befragungsprozesses ausgeschlossen ist, könnte er keine Personen identifizieren.

- Genauso wie die Befragung lässt sich auch das Spiel immer wieder einsetzen. Zwar lassen sich dadurch weniger objektive Daten gewinnen, doch werden Veränderungen und Verbesserungen leicht sichtbar. Im Vergleich der Aufzeichnungen lässt sich sehen, welche Themen erfolgreich abgearbeitet wurden. Durch die Möglichkeit des niederschwelligen Einsatzes des Spiels sind auch häufigere Erfolgskontrollen möglich.

- Neben der erneuten Nutzung der Analyseinstrumente können selbstverständlich alle klassischen Methoden der Erhebung genutzt werden. Auswertungsbögen, Interviews oder die Kontrolle von Kennzahlen können dabei hilfreich sein.

Der Vorteil einer erneuten Durchführung der Befragung oder des Spiels besteht darin, dass dadurch weniger ein Prozess abgeschlossen, als vielmehr ein erneuter Durchlauf des Kreislaufs initiiert wird. So kann aus einem einmaligen Prozess ein kontinuierlicher Verbesserungsprozess werden. Darauf ist das Konzept BELEV angelegt.

Wichtig ist zu beachten, dass keine noch so gute Evaluation der Ergebnisse die sichere Wirksamkeit der Maßnahmen belegen kann. Stets könnten auch äußere Einflüsse wirksam gewesen sein. Aus diesem Grund erscheint es problematisch, den Erfolg von Maßnahmen allein an Kennzahlen, wie beispielsweise an der AU-Quote, festzumachen. Wenn schon nicht die Kausalität von Maßnahmen belegt werden kann, so kann dennoch plausibel begründet werden, warum und wie die Maßnahmen gewirkt haben.

Erfolgsfaktoren der Prozessgestaltung

In der kritischen Betrachtung der bislang elf Umsetzungsprozesse des Konzepts BEELV lassen sich folgende Punkte identifizieren, die den Prozess in der jeweiligen Einrichtung gestärkt und geschützt haben:

Verbindliche Zusage im Vorfeld: Schwierig ist es, einen Prozess zu beginnen ohne zu wissen, welche Ressourcen und Möglichkeiten dafür vorhanden sind. Ein großer Vorteil der elf einrichtungsinternen Umsetzungsprojekte war, dass die Einrichtungen sich für die Beteiligung bewerben mussten. Dabei mussten die Leitungen erklären, dass sie die erforderlichen Veränderungen wollen und mittragen. Dadurch wurde ein Rahmen der Verbindlichkeiten geschaffen, der auch für Umsetzungen außerhalb von öffentlich geförderten Projekten hilfreich ist.

Rasche Umsetzung erster Schritte: Als gut und wichtig hat sich herausgestellt, frühzeitig einige wenige Maßnahmen umzusetzen. Wenn die Mitarbeitenden bereits nach kurzer Zeit sehen, dass die Analyse sich gelohnt hat, weil eine zeitnahe Verbesserung die Folge war, können auch andere Maßnahmen mit längerem zeitlichen Vorlauf geplant werden. Beispiele aus den Projekten sind hier die Anschaffung eines Lifters, das Anbieten einer Rückenschule oder die schnellere Bearbeitung von Urlaubsanträgen.

Umfassende und häufige Kommunikation: Jede Form der Beteiligung lebt von der Bereitschaft der Mitarbeitenden, sich in den Prozess einzubringen. Dies gilt besonders für Befragungen von Beschäftigten. Entsteht aus der Perspektive der Mitarbeitenden der Eindruck, dass sich die Beteiligung nicht auszahlt, wird die Bereitschaft dazu schnell und deutlich abnehmen. Aus diesem Grund ist es wichtig, die Mitarbeitenden frühzeitig über Ergebnisse, Entscheidungen und Veränderungen zu informieren. Im Anschluss an die Befragung haben die Einrichtungen sehr unterschiedliche Wege genutzt. In einer dezentral aufgestellten Einrichtung wurden dreiseitige Infoblätter zu den Ergebnissen der Analysephase verteilt, eine mittelgroße Einrichtung ist bei einer Versammlung der Mitarbeitenden in die breite Diskussion eingetreten und eine große Jugendhilfeeinrichtung hat in Teambesprechungen die Ergebnisse kommuniziert. Welcher Weg sich in welcher Einrichtung zu welchem Zeitpunkt des Prozesses eignet, lässt sich nicht allgemein sagen. Sicher ist jedoch, dass in derartigen Projekten häufig zu selten und zu wenig kommuniziert wird.

Terminierung des Projektzeitraums: Bei den elf einrichtungsinternen Umsetzungsprojekten gab es eine zeitliche Befristung der Umsetzungen durch die Architektur des Projekts. Unabhängig davon, ob die vorgesehenen 15 Monate zu kurz oder ausreichend waren, hat sich der von Beginn an festgelegte Endtermin als hilfreich erwiesen. Er ermöglichte die klare Definition von Projektphasen und hat dazu gezwungen, Umsetzungsschritte relativ rasch anzugehen. Ein Endtermin bedeutet nicht, dass bis dahin alle Probleme gelöst und alle Arbeitsaufträge abgearbeitet sind – dies wäre bei der Implementierung eines kontinuierlichen Verbesserungsprozesses auch nicht möglich – doch sind die Akteure gezwungen, einen vorläufigen Abschluss und eine vorläufige Stabilität der dauerhaften Strukturen anzustreben. Auch wenn also keine äußeren Fristen bestehen, ist die Festlegung derselben förderlich.

4.2 Planung von Strukturen

Die Einführung von gesundem Arbeiten kann nur gelingen, wenn dauerhafte Strukturen aufgebaut oder genutzt werden, in denen langfristig das Thema bearbeitet wird. Bildet sich lediglich eine Projektgruppe, werden die Bemühungen zu dem Thema nur so lange bestehen, wie die Projektdauer festgelegt wurde. Die für die Gesunderhaltung erforderliche Langfristigkeit kann auf diese Weise nicht erreicht werden.

Besetzung und Wirkungsweise von betrieblichen Arbeitsgruppen

Für die Einführung des Konzepts „BELEV – Gesundes Arbeiten gestalten" ist der Einsatz einer Arbeitsgruppe erforderlich. Es sind alle Rollen und Aufgaben zu verteilen, die für den Erfolg der Einführung maßgeblich sind. So werden Akteure benötigt, die das Thema voranbringen und die Fachkompetenz haben. Zudem sind Akteure erforderlich, die die notwendigen Entscheidungen treffen oder zumindest einholen können sowie Akteure, die für die Multiplikation des Themas in der Einrichtung sorgen. Wie diese Rollen in der Arbeitsgruppe verteilt werden, kann sehr verschieden sein. Eine für alle Einrichtungen passende Lösung gibt es nicht. Die Arbeit bei den einrichtungsinternen Umsetzungsprojekten zeigt, dass entsprechend den Erfahrungen und Strukturen der Einrichtungen verschiedene Modelle wirksam sein können. Exemplarisch sei dies an drei Arbeitsgruppen dargestellt:

- In Einrichtungen der stationären Altenhilfe mit vier sehr verschiedenen Standorten hat sich die betriebliche Arbeitsgruppe aus dem in der Einrichtung vorhandenen Qualitätszirkel zusammengesetzt (N = 6). Neben dem Beauftragten für Qualitätsmanagement waren in der kleinen Arbeitsgruppe die Pflegedienstleitungen der vier Häuser sowie die Vertretung der Mitarbeitenden aktiv. Die Kollegen waren es gewohnt in dieser Besetzung zu kooperieren, sodass die Arbeit sehr effizient und effektiv gestaltet werden konnte. Wenn es darum ging, die Mitarbeitenden einzubinden, wurde dies in einer Einrichtung konkret geleistet/erprobt. Durch die Ressourcen des freigestellten Beauftragten für Qualitätsmanagement mit Stabstellenfunktion waren die Dokumentation der Projektfortschritte sowie die Verantwortung für die Weiterführung der Prozesse sichergestellt. Ein Risiko einer jeden kleinen betrieblichen Arbeitsgruppe ohne direkte Beteiligung der Mitarbeitenden ist, dass die Beschäftigten die Ergebnisse der Arbeitsgruppe nicht akzeptieren. Der Wissenstransfer aus der Arbeitsgruppe kann sich schwierig gestalten. Beides ist im vorliegenden Fall nicht eingetreten.

- Eine größere Einrichtung der Jugendhilfe hat in einem breiten Partizipationsprozess alle Beschäftigten zur Mitarbeit eingeladen. Die große Gruppe von motivierten Mitarbeitenden, die sich an dem Projekt beteiligt haben (N = 35), hat es ermöglicht, viele Themen anzugehen, die dann in Unterarbeitsgruppen bearbeitet wurden. Die Ergebnisse dieser Gruppen wurden im weiteren Projektverlauf wieder in der Breite aufgegriffen, sodass eine große Vielfalt von Maßnahmen möglich war. Eine besondere Herausforderung bei solch großen Arbeitsgruppen ist das Gesamtmanagement. Die Vielzahl der Prozesse und Themen müssen immer wieder zusammengeführt und zur Entscheidung gebracht werden. Gelingt es nicht, immer wieder die erforderlichen Entscheidungen durch die oberste Leitung zu erhalten, kann das Gesamtprojekt leicht scheitern, was im vorliegenden Fall jedoch nicht passierte.

- Eine vergleichsweise klassische Arbeitsgruppe wurde in einer Sozialstation eingesetzt. Hier waren neben der Einrichtungsleitung, der Pflegedienstleitung und der Mitarbeitendenvertretung auch Beschäftigte aus den verschiedenen Bereichen des Unternehmens vertreten. In dieser Zusammensetzung konnten die Ergebnisse der Befragung nicht nur gut mit den Ansichten der vertretenen Mitarbeitenden gespiegelt werden, sondern Entscheidungen – hier Neuerungen im Anschaffungsprozess von Dienstwagen – aufgrund der Beteiligung der Einrichtungsleitung auch sofort getroffen werden. Durch die Beteiligung einer studentischen Praktikantin als interne Projektleiterin waren die Dokumentation und die Planung von Sitzungen leicht zu realisieren.

Die drei Beispiele zeigen, dass die Besetzung von Arbeitsgruppen sehr verschieden sein kann. Während also in manchen Einrichtungen bestehende Gremien genutzt werden konnten, war es in anderen Einrichtungen sinnvoll, die gewohnte breite Beteiligung bei Veränderungen auch in diesem Fall zu ermöglichen. Die Strukturen, die Gewohnheiten und die Motivation der Beteiligten entscheidet darüber, welche Formen der Projektarbeit zur Einführung von BELEV hilfreich sind.

Trotz aller Verschiedenheit lassen sich vor dem Hintergrund der elf Modellprojekte fünf Aspekte nennen, ohne die einrichtungsinterne Entwicklungsprojekte nicht erfolgreich sein können. Folgende Aspekte sollte eine Arbeitsgruppe aufweisen:

● *Offene Beteiligung der MAV*: Nicht nur wenn zustimmungspflichtige Aktivitäten wie die Befragung von Mitarbeitenden anstehen, ist die Beteiligung der Mitarbeitervertretung (MAV) dringend erforderlich. Die MAV kann nicht nur wertvolles Wissen für die Entwicklung von Maßnahmen in die Arbeitsgruppe einbringen, sondern auch für Akzeptanz und Vertrauen für das Projekt innerhalb der Einrichtung sorgen.

● *Beteiligung von Mitarbeitenden*: In vielen Arbeitsgruppen waren Mitarbeitende direkt beteiligt. Viele Maßnahmen konnten nur deshalb entwickelt werden, weil Kolleginnen und Kollegen von der Basis ihre Arbeit schildern und die Bedingungen für Lösungen einbringen konnten. Waren in einer Arbeitsgruppe keine Mitarbeitenden vertreten, wurden Wege gesucht, das Wissen von der Basis zeitnah und niederschwellig einzubinden.

● *Interne Projektleitung*: Jede Arbeitsgruppe braucht einen verantwortlichen Ansprechpartner, der alle Prozesse und den aktuellen Stand kennt, Termine vereinbart und gegebenenfalls Ergebnisse aus Unterarbeitsgruppen einfordert. Die wichtigste Funktion der internen Projektleitung ist es, als Treiber aufzutreten. Insbesondere wenn die Arbeitsgruppe groß ist oder die oberste Leitung nicht in sie eingebunden ist, sorgt die Projektleitung dafür, dass die Prozesse nicht versanden.

 ● *Engagement der mittleren Führungskräfte:* Nach dem Ansatz von BE-LEV wird nicht nur auf individueller Ebene angesetzt, vielmehr werden alle relevanten Bereiche zur Unterstützung der Gesundheit der Mitarbeitenden gestaltet. Das schließt auch die Möglichkeit ein, dass die Führungskompetenz der Führungskräfte in Frage gestellt werden kann. Die Analyse kann ergeben, dass Verbesserungen bei der direkt vorgesetzten Führungskraft sinnvoll sind – dazu müssen die Führungskräfte bereit sein. Diese Bereitschaft werden sie jedoch nur aufbringen, wenn sie an der Interpretation der Analyseergebnisse und damit an der Arbeitsgruppe beteiligt sind. Veränderungen fallen ihnen in der Regel leichter, wenn durch die Einrichtung auch entsprechende Unterstützung gewährt wird (z. B. Coaching, Fortbildungen, etc.) und wenn offenkundig ist, dass es nicht um die Bloßstellung der Führungskräfte geht, sondern um die Optimierung der Arbeit.

● *Beteiligung der obersten Leitung*: Entscheidend für den Erfolg von einrichtungsinternen Umsetzungsprojekten ist es, dass die oberste Leitung das Projekt mitträgt und die im Prozess erforderlichen Entscheidungen zeitnah trifft. Dabei geht es sowohl um die Freigabe von

Mitteln von Maßnahmen, die sich als erforderlich herausgestellt haben, als auch darum eine Neuorganisation von Arbeitsprozessen und Arbeitsstrukturen zu ermöglichen. Zwar ist es weder erforderlich noch zu erwarten, dass alle Anfragen aus der Arbeitsgruppe positiv beschieden werden, doch ist eine rasche Entscheidung notwendig. Leicht kann sonst die Motivation der Beteiligten schwinden und der Prozess an Dynamik verlieren.

Ein besonderer Vorteil des Projekts lag darin, dass sich die Einrichtungen für die Beteiligung bewerben mussten. Sie mussten erklären, inwieweit sie vom demografischen Wandel betroffen sind, warum sie im Themenfeld Gesundheit aktiv werden wollen und dass sie bereit und in der Lage sind, einen Verbesserungsprozess in die Wege zu leiten. Durch diese Erklärungen wurden Verbindlichkeiten geschaffen, die die Tatsache kompensierten, dass die Befragung und die externe Beratung kostenfrei waren. Lohnenswert ist es, zu Beginn eines Prozesses die Gründe für den Entwicklungsprozess sowie die Bereitschaft der Einrichtung und der Leitung, Veränderungen mitzutragen, schriftlich festzuhalten, um damit etwas über die Motivation zur Teilnahme zu erfahren.

Kooperationsmöglichkeiten mit dem Arbeitsschutzausschuss

In allen Unternehmen und damit auch bei allen Trägern in der Sozialwirtschaft besteht die gesetzlich festgeschriebene Anforderung, Gefährdungen zu analysieren und zu beheben. Zu diesem Zweck gibt es Arbeitsausschüsse, die mindestens vierteljährlich tagen müssen. In diesen spielen neben der Geschäftsführung und der Vertretung der Mitarbeitenden auch die Fachkraft für Arbeitssicherheit und der Betriebsarzt, die beide je nach Größe des Unternehmens mit einem bestimmten Stundenumfang in dem Unternehmen aktiv sein müssen, eine wichtige Rolle.

Der Arbeitsschutzausschuss kümmert sich um die Reduktion der Gefahren am Arbeitsplatz. Ebenso wie bei der Arbeitsgruppe zur Einführung des Konzepts BELEV soll auch hier das gesunde Arbeiten unterstützt werden. Naheliegend ist es deshalb, die Bemühungen zu verbinden.

Wie in Abbildung 18 dargestellt, können beide Gremien von einer Kooperation profitieren:

● Aufgrund der gesetzlichen Auflagen muss der Arbeitsschutzausschuss regelmäßig tagen. Diese Regelmäßigkeit kann auch für die systematische Förderung der Gesundheit genutzt werden, wenn nicht eine neue Arbeitsgruppe, sondern der Arbeitsschutzausschuss mit der Gestaltung gesunden Arbeitens beauftragt wird.

Abb. 18: Vorteile von Arbeitsschutzausschuss und der Arbeitsgruppe zur Einführung von BELEV. Quelle: Eigene Darstellung.

● In vielen Arbeitsschutzausschüssen wird den Akteuren zunehmend bewusst, dass nicht nur die klassischen Gefährdungen wie Infektionsgefahren, glatte Fußböden oder unsichere elektrische Geräte bei der Arbeit vorhanden sind, sondern dass viele Mitarbeitende auch psychischen Gefährdungen ausgesetzt sind. Für die Risikoanalyse psychischer Gefährdungen kann die beschriebene Befragung gut genutzt und zur Behebung derselben kann der beschriebene Prozess verfolgt werden. Mit BELEV wird der Arbeitsschutzausschuss auch im Bereich psychischer Krankheitsrisiken handlungsfähig.

Oftmals wird die Kooperation als wenig naheliegend beschrieben, da die Kulturen der Gremien häufig differieren. Während die Arbeitsgruppe für die Gestaltung der Gesundheit in Prozessen denkt, die Synergien für das gesamte Management mit sich bringen sollen, argumentiert der Arbeitsschutzausschuss häufig mit Vorschriften, Auflagen und Mindestanforderungen, die das Management zusätzlich zu beachten beziehungsweise zu realisieren hat. Diese kulturellen Differenzen ebnen sich derzeit insofern ein, als immer mehr Arbeitsschutzausschüsse Prozesse in den Blick nehmen und Arbeitsgruppen für das Gesundheitsmanagement auch in der Einforderung notwendiger Veränderungen eine Chance erblicken.

Auch wenn es noch nicht in jeder Einrichtung möglich oder gewollt ist, alle Aktivitäten zur Gesunderhaltung der Mitarbeitenden zu bündeln, so bieten sich die (gelegentliche) Kooperation und in jedem Fall die offene Kommunikation an.

4.3 BELEV als Lernprozess

Mit dem Konzept BELEV ist ein doppelter Lernprozess verbunden. Dieser bezieht sich auf die Mitarbeitenden in den Einrichtungen, die das Konzept mit Leben füllen sollen, und auf die Einrichtung als Ganzes, die in einen kontinuierlichen Verbesserungsprozess versetzt werden soll.

Individueller Lernprozess

Für die dauerhafte Verankerung des betrieblichen Gesundheitsmanagements nach dem Konzept „BELEV – Gesundes Arbeiten gestalten" ist es nicht nur erforderlich, dass es von der Leitung der Einrichtung getragen, gestützt und in dauerhafte Strukturen überführt wird, sondern dass das Konzept auch von den Mitarbeitenden mit Leben gefüllt wird. Dazu müssen die Kolleginnen und Kollegen an der Basis das Konzept kennen und in der Lage sein, es auf die eigene Arbeit anzuwenden. Die Mitarbeitenden können dann

● die Beanspruchungen durch die Arbeit, differenziert nach den fünfzehn Feldern der Matrix, identifizieren und artikulieren,

● differenziert sehen, wo und wie sie mit ihren Möglichkeiten die Arbeit in den verschiedenen Bereichen positiv beeinflussen können, und

● Verbesserungsvorschläge einbringen, die über den Wunsch nach mehr Personal oder die klassischen Rezepte der Gesundheitsvorsorge wie „Rückenschule" oder „Wellnesstage" hinausgehen.

Zur Vermittlung des Konzepts kann das oben beschriebene Spiel verwendet werden. In Teambesprechungen können entweder sukzessive die einzelnen Felder oder an einem Stück die gesamte Matrix erarbeitet werden. Dabei kann man sich die Tatsache zunutze machen, dass das Spiel nicht nur die Frage danach stellt, was überhaupt in dem jeweiligen Feld verbessert werden kann, sondern auch danach, wie jeder einzelne Mitarbeiter in seinem Aufgabenbereich die Aktivitäten der jeweiligen Ebene aufgreift und in ihrer Wirksamkeit unterstützen kann.

Während im Strategieworkshop eher die obere Frage der Spielkarte in Abbildung 19 diskutiert und bearbeitet wird, kann zur Gewinnung des individuellen Verständnisses gut auch die untere Frage herangezogen werden. Statt also die Frage zu beantworten, was die Führungskraft zur Verbesserung der Verstehbarkeit beitragen kann, würde dann diskutiert werden, was jeder in seiner Position – unabhängig davon, ob Vorstand oder Mitarbeitender – dazu beitragen kann, dass die Aktivitäten der Führungskraft zur Verbesserung der Verstehbarkeit auch wirksam werden.

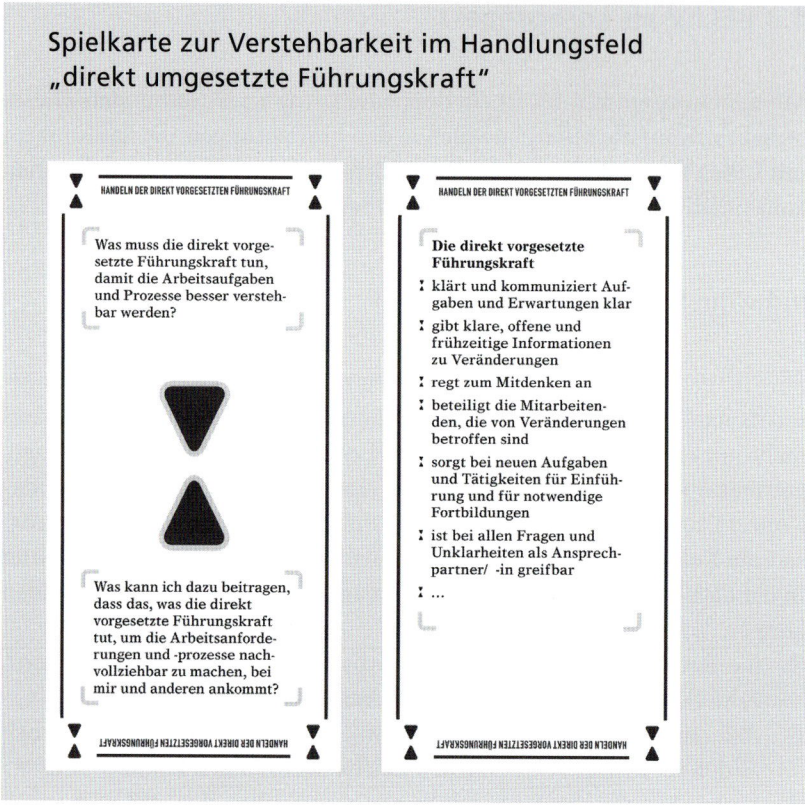

Abb. 19: Spielkarte zur Verstehbarkeit im Handlungsfeld „direkt vorgesetzte Führungskraft". Quelle: BELEV – Das Spiel.

Wenn die Mitarbeitenden das Konzept kennen, können sie bei Belastungen differenzierter benennen, wie und wo Verbesserungen erforderlich
wären. Die pauschale und wenig hilfreiche Aussage, dass mehr Personal
benötigt wird, erübrigt sich dann meist. Rückmeldungen zur Kooperation im Team, zur Anleitung durch die Führungskraft oder zur Wertschätzung durch die Leitung lassen sich hingegen zielorientiert und konkret
bearbeiten.

Organisationaler Lernprozess

Das Konzept BELEV ist darauf angelegt, als dauerhaftes Instrument in
Einrichtungen genutzt zu werden. Die Matrix dient dabei als Raster, um
alle Aktivitäten der Personal- und Organisationsentwicklung, die auf die
Gesundheit der Mitarbeitenden wirken, systematisch zu verorten. Sie ver-

deutlicht, in welchem Feld viele Aktivitäten vorhanden sind und welches Feld bislang vernachlässigt wurde. Der Einsatz des Spiels oder der Befragung kann dann in regelmäßigen Abständen aufzeigen, wo welche weiteren Verbesserungen möglich und sinnvoll sind.

Auf diese Weise wird die Einrichtung in einen kontinuierlichen Verbesserungsprozess versetzt, der dazu beiträgt, die Mitarbeitenden langfristig zu stärken. Angesichts des demografischen Wandels wird es bedeutender sein, dass Mitarbeitende möglichst bis zum Erreichen des Renteneintrittsalters kompetent, motiviert und gesund ihre Arbeit leisten können. Angesichts der Verdichtung der Arbeit und der Steigerung ihrer Komplexität ist dies ein herausfordernder Anspruch. Die dauerhafte Beachtung der salutogenetischen Prinzipien in den fünf Handlungsfeldern kann dabei hilfreich sein.

5. Praxisbeispiele

Das Konzept BELEV wurde nicht nur im Rahmen des geförderten Projekts „Chronos – den demografischen Wandel gestalten" entwickelt, sondern auch umgesetzt. Die beteiligten Einrichtungen haben durch die Projektförderung die Bedarfsanalyse sowie Beratungsleistungen im Umfang von bis zu sieben Tagen kostenfrei erhalten. Für die geförderte Einführung des Konzepts konnten sich die Einrichtungen bewerben. Elf Einrichtungen aus unterschiedlichen diakonischen Handlungsfeldern, mit unterschiedlicher Größe, Geschichte und Kultur und in verschiedenen Regionen angesiedelt haben das Konzept bislang erprobt. Die im Leitfaden beschriebenen Erfahrungen mit der Umsetzung des Konzepts entstammen diesen Einrichtungen.

Eine große Schwierigkeit eines jeden Erprobungsprojekts ist die Weiterführung der Projektaktivitäten unabhängig von der Förderung. Schon heute (Sommer 2012) zeigt sich, dass nach der Projektlaufzeit mehr Einrichtungen das Konzept bei sich einführen wollen als dies während der Projektlaufzeit der Fall war. Große Träger, die bislang mit nur einer Einrichtung beteiligt waren, beabsichtigen das Konzept für mehrere beziehungsweise für alle eigenen Einrichtungen zu nutzen. Andere Träger, darunter kleine und große, planen erstmalig die Nutzung des Konzepts.

Im weiteren Verlauf des Leitfadens ist exemplarisch der Ablauf der Einführung ausführlich als Prozess beschrieben. Damit soll deutlich werden, wie unterschiedlich sich die Einführung des Konzepts in der Praxis gestaltet und wie verschieden die Ansatzpunkte für den Entwicklungsprozess sein können. Im Anschluss daran sind weitere umgesetzte Maßnahmen aus den Einrichtungen benannt. Die Beispiele sollen illustrieren, was die Einführung des Konzepts mit sich bringen kann, und sie sollen Anregungen für die eigene Praxis geben.

5.1 Praxisbeispiel 1: Unternehmenszusammenhalt

Ein mittelgroßer Träger der Jugendhilfe (ca. 600 Mitarbeitende) hat sich mit der Intention an dem Projekt beteiligt, den demografischen Wandel systematisch zu bearbeiten. Erste eigene Analysen ließen das hohe Durchschnittsalter der Mitarbeitenden deutlich werden, was in der Jugendhilfe insbesondere bedeutet, dass sich dadurch die pädagogische Beziehung deutlich verändert: Nicht die Elterngeneration, sondern zunehmend die Großelterngeneration finden die Kinder und Jugendlichen vor.

Verbunden mit dem hohen Durchschnittsalter steigt das Krankheitsrisiko. Bei spürbarem Nachwuchskräftemangel war es der Einrichtung von Beginn an ein Anliegen, die Ressourcen der Mitarbeitenden zu stärken und die Arbeitsprozesse so zu gestalten, dass ein langfristiges Arbeiten möglich ist. Indirekt sollte davon auch die Personalgewinnung profitieren, die sich hier explizit hinter die Förderung der Gesundheit der Mitarbeitenden gestellt hat.

Die Situation des Trägers ist durch eine große Vielfalt der Aufgabenfelder und unterschiedliche Standorte charakterisiert. Fusionen und Zusammenlegungen haben bislang eine homogene Kultur verhindert. In den verschiedenen Bereichen des heutigen Trägers, die von starken Leitungen geführt werden, spiegeln sich die ehemaligen Träger wider.

Schon bei der ersten Auftaktsitzung wurde deutlich, dass verschiedene Bereiche ein starkes Interesse an dem Projekt, und zwar bezogen auf ihren eigenen Bereich, haben. Dies zeigte sich auch in dem Wunsch, die Auswertungen der Analysen (Altersstrukturanalyse und Befragung von Mitarbeitenden) speziell für den eigenen Bereich des Unternehmens zu erhalten – ohne eine Vermischung mit den Daten der anderen Bereiche.

Handlungsbedarf und Maßnahmenplanung

Das Projekt wurde offen in der Einrichtung organisiert. An allen Projektsitzungen hat sich eine Vielzahl von interessierten, motivierten und kompetenten Mitarbeitenden engagiert. Dementsprechend ausführlich und differenziert wurden dann auch die Ergebnisse der Analysen aufgegriffen: Sehr viele Themen und Handlungsfelder wurden identifiziert.

Anstelle einer Beschränkung auf wenige Unterpunkte hat sich die Arbeitsgruppe für die Aufteilung der relevanten Themen in drei Themencluster entschieden, die in jeweiligen Arbeitsgruppen bearbeitet wurden. Diese Bereiche waren „Kommunikation", „Individuelle Unterstützung" sowie „Interne und externe Rekrutierung".

Wie die Auswahl der Themen zeigt, haben sich die Akteure auf die gemeinsame Bearbeitung der übergreifenden Themen geeinigt. Im weiteren Verlauf wurde die vormals als sehr wichtig empfundene Orientierung an den einzelnen Bereichen des Trägers immer unwichtiger. Die Struktur der Analysen und die breite Besetzung der Arbeitsgruppe führten dazu, dass primär die Themen ins Zentrum der Analysen rückten, die trägerweite Bedeutung hatten. Dementsprechend wurden dann auch die Maßnahmen geplant.

Für die angemessene Interpretation der Ergebnisse der Befragung haben alle Bereiche eigene Sitzungen organisiert, bei denen die Leitungen mit den Führungskräften und der Vertretung der Mitarbeitenden die Handlungsbedarfe identifiziert haben, die in den verschiedenen Abteilungen der Regionen relevant sind. Die Reihenfolge der Analyse beeinflusste die Interpretation: Da zunächst der Träger als Ganzes analysiert wurde, standen die übergreifenden Themen für den Träger im Zentrum des Projekts. Wären als erstes die einzelnen Abteilungen in die Analyse gegangen (wie es in einer anderen Einrichtung der Fall war) wären eher die individuellen Themen bearbeitet worden.

Umgesetzte Maßnahmen

Die Einrichtung nutzte die Breite des Konzepts, um sehr verschiedene Maßnahmen zu planen und umzusetzen. Ein übergreifendes Thema, das nicht explizit als Projektziel formuliert wurde, war die Homogenisierung der Kultur im und die Identifikation mit dem Träger. So unterschiedlich die Themen auch waren – stets ging es darum, welche Lösung für alle Einrichtungen des Trägers hilfreich wäre.

Maßnahmen zur Kommunikation:
- *Neuansatz für Mitarbeitendenzeitung*: Während es in manchen Bereichen des Trägers eine Zeitung für und von Mitarbeitenden gibt, fehlten in anderen Bereichen bewährte Kommunikationswege. Ein Medium für den gesamten Träger gab es ebenfalls nicht. Zur Vereinheitlichung der Kommunikation und zur Erhöhung der Transparenz in allen Einrichtungen des Trägers wurde eine Zeitung aufgelegt, in der wichtige und übergreifend interessante Themen kommuniziert werden.
- *Aufbau eines Intranets*: Die dezentrale Struktur des Trägers hat bislang ein gemeinsames Intranet verhindert. Die Projektaktivitäten haben die diesbezüglichen Bemühungen unterstützt, sodass in Kürze mit einem gemeinsamen Intranet gearbeitet werden kann. Die Mitarbeitendenzeitung könnte dann künftig auch elektronisch erscheinen.
- *Einführung von Mitarbeitendengesprächen:* Nachdem in den letzten Jahren das Mitarbeitendengespräch nicht mehr vorgesehen war, wurde das Projekt dazu genutzt, dieses wieder aufleben zu lassen. Dabei wird an die Erfahrungen eines Bereiches angeknüpft, in dem die Gespräche bis vor wenigen Jahren stattgefunden haben.

Maßnahmen zur Rekrutierung:
- *Information über Altersfluktuation*: Zur Entlastung der Führungskräfte und zur Sicherung der kontinuierlichen Arbeit teilt künftig die Personalabteilung den Führungskräften frühzeitig mit, wenn Mitarbei-

tende altersbedingt das Unternehmen verlassen. Dadurch kann die Stelle früher ausgeschrieben werden, sodass Vakanzen und die damit für die Mitarbeitenden verbundenen Belastungen vermieden werden.

- *Frühzeitige interne Stellenausschreibung*: Frei werdende Stellen werden, sobald dies bekannt wird, möglichst früh trägerweit kommuniziert, sodass sich Kolleginnen und Kollegen auch auf eine eventuelle Bewerbung vorbereiten können. Möglich wäre dann auch die Hospitation oder der Besuch einer Fortbildung. Dies fördert die Attraktivität des Trägers und die Zufriedenheit der Mitarbeitenden.

- *Eröffnung einer Kindertagesstätte*: Zur Steigerung der Attraktivität der Arbeitsplätze prüft der Träger an einem Standort die Eröffnung einer Kindertagesstätte. Die erforderlichen Kompetenzen und Räumlichkeiten sind vorhanden. Wenn die Marktsondierung eine Eröffnung als sinnvoll erscheinen lässt, könnte dies die Einsatzmöglichkeit von Mitarbeitenden an diesem Standort erhöhen. Aufgrund der dezentralen Struktur des Trägers können auf diese Weise jedoch nicht alle Mitarbeitenden erreicht werden. Weitere Überlegungen werden erforderlich sein.

Maßnahmen zur individuellen Unterstützung:

- *Entwicklung eines Leitfadens zum Umgang mit Gewalt*: Die Mitarbeitenden sehen sich immer wieder der Gewalt durch Klienten ausgesetzt. Dadurch entstehen Ängste und Risiken. Um diese zu reduzieren, wird derzeit ein Leitfaden zum Umgang mit Gewalt entwickelt, der Informationen zur Prävention, zum Schutz im akuten Fall und zur Bearbeitung im Nachhinein zusammenfasst.

- *Maßnahmen zur Gesundheitsförderung*: Zur direkten gesundheitlichen Unterstützung plant der Träger auch Aktivitäten der klassischen Gesundheitsförderung. Konkret sollen ein Gesundheitstag mit einer Krankenkasse organisiert und möglicherweise Kooperationen mit Fitnessstudios eingegangen werden.

Der Charakter der Maßnahmen zeigt deutlich die Orientierung am Träger in seiner Gesamtheit. Viele Maßnahmen beziehen sich auf alle Einrichtungen und Standorte des Trägers und wenn wie im Fall der Kindertagesstätte nur ein Standort profitiert, hat dies explizit den Charakter eines Modellversuchs, bei dessen Gelingen auch die anderen Standorte von der Entwicklung profitieren.

Sicherung der Nachhaltigkeit

Eine wesentliche Ressource für die Nachhaltigkeit des Konzepts in der Einrichtung ist die breite Beteiligung. Dadurch haben viele Akteure in der Einrichtung verstanden, wie die Gesundheit von Mitarbeitenden gut analysiert und gestaltet werden kann. Zudem haben sich die Akteure in der Kooperation einen hilfreichen Stil der Aushandlung erarbeitet, sodass die Themen sehr konstruktiv und rasch geklärt und entschieden werden können.

Als ein wichtiger Erfolgsfaktor ist die Kommunikation der Aktivitäten zu nennen. Der Träger hat immer wieder die Mitarbeitenden schriftlich über die Einführung von BELEV informiert. Über die Informationsblätter, die den Gehaltsmitteilungen beigelegt wurden, haben alle Mitarbeitenden Informationen zur Befragung, zu den Ergebnissen der Analysen und zu den geplanten Maßnahmen erhalten. Zudem wurden in den meisten Teams die Ergebnisse der Befragung von den jeweiligen Leitungskräften zur Diskussion gestellt.

Eine besondere Herausforderung bei breit angelegten Partizipationsprozessen besteht in der Organisation derselben. Ein solches Projekt lebt dann von der internen Projektleitung. Ist diese zentraler Anlaufpunkt für das Projekt und wirkt sie als interner Motor, kann sich über die Form der Projektarbeit das nötige Wissen in dem Unternehmen in der Fläche ausbreiten und wachsen und BELEV kann zum dauerhaften Instrument von kontinuierlichen Verbesserungsprozessen werden.

5.2 Praxisbeispiel 2: Teamentwicklung

Eine kleine Einrichtung (ca. 30 Mitarbeitende) hat das Konzept für sich genutzt. Diese Einheit in der stationären Pflege wurde vor wenigen Jahren durch eine Zusammenlegung verschiedener Wohneinheiten zu der jetzt bestehenden Form ausgebaut. Nachdem in den ersten beiden Jahren die Neuorganisation der Arbeitsprozesse und die Sicherung der Qualität im Zentrum gestanden hatten, sollte nun das Konzept dazu genutzt werden, die Kooperation im Team zu stärken.

Handlungsbedarf und Maßnahmenplanung

Im Strategieworkshop wurden nach der Auswertung der Altersstrukturanalyse und der Befragung der Mitarbeitenden Themen aus unterschiedlichen Handlungsfeldern ausgewählt. Neben der Gewinnung von Mitarbeitenden, der Nutzung von Hilfsmitteln und der Einarbeitung von neuen (Kurzzeit-)Mitarbeitenden wurde die Zusammenarbeit im Team als Thema identifiziert.

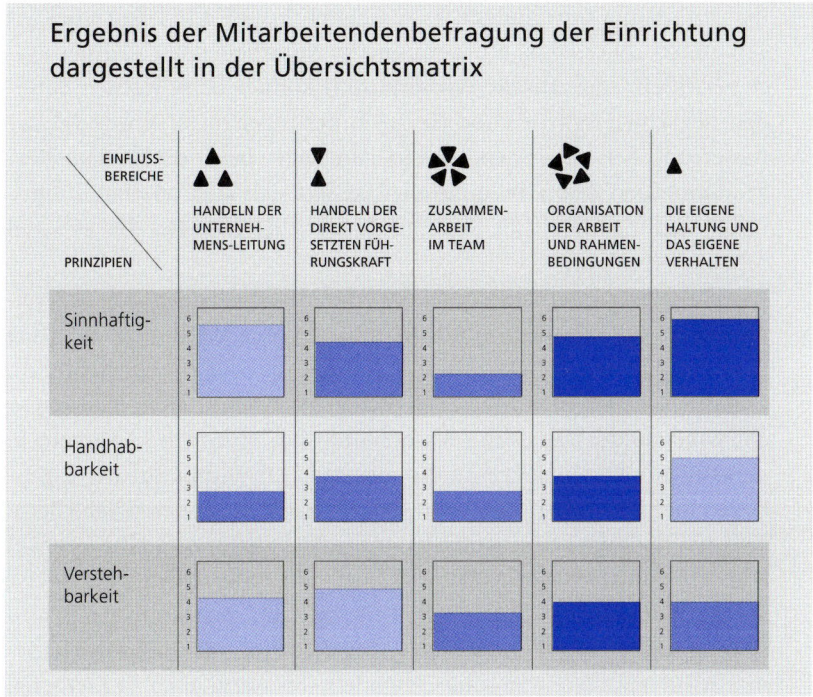

Abb. 20: Ergebnis der Befragung der Mitarbeitenden der Einrichtung. Quelle: Eigene Darstellung.

Die Wichtigkeit dieses Themas wurde auch durch die Befragung unterstrichen. In allen drei Feldern der Zusammenarbeit im Team sind deutlich unterdurchschnittliche Bewertungen zu finden (vgl. Abbildung 20). Die Kommunikation (Verstehbarkeit), die Kooperation (Handhabbarkeit) und die wechselseitige Achtung (Sinnhaftigkeit) sollten demnach bearbeitet werden.

Umgesetzte Maßnahmen zur Teamentwicklung

Die Einrichtung plante und implementierte eine größere Zahl von Maßnahmen, die in unterschiedlicher Form darauf hinwirken sollen, die Kooperation im Team zu stärken. Alle Maßnahmen tragen den Bedingungen und Möglichkeiten dieser kleinen Einrichtung Rechnung. In anderen Kontexten wären sicherlich andere Maßnahmen sinnvoll.

- *Neugestaltung der Teambesprechungen:* Im Abstand von zwei Wochen finden Teambesprechungen statt. Diese dienen dazu, grundlegende und übergreifende Themen im Team zu klären. Zwar ist immer nur ein Teil des gesamten Teams anwesend, doch ist die Gruppe so groß, dass über sie die Kultur in der Einrichtung beeinflusst werden kann.

Bei den Teambesprechungen wurde eingeführt, dass in Form eines so-
genannten „Blitzlichts" alle anwesenden Mitarbeitenden zu einer Frage berichten. Thematische Schwerpunkte können beim eigenen Befinden, bei Schwierigkeiten und Herausforderungen in der Arbeit, bei der
Bewertung der bisherigen Veränderung oder bei individuellen Ressourcen liegen. Jedes Teammitglied äußert sich kurz zu dem Thema.
Dabei kommentieren die Teammitglieder die Aussagen der anderen
nicht.

Resultat dieser Intervention ist, dass die Mitarbeitenden sich untereinander in dieser kurzen Runde in einer anderen Weise kennenlernen
können. Was den Kolleginnen und Kollegen bei der Arbeit wichtig ist,
was sie stört und warum sie die Arbeit gut machen wollen, erfahren so
alle voneinander. Dies kann Ansatzpunkt für informelle Gespräche in
anderen Kontexten sein und ein anderes Verständnis für die Eigen-
heiten und Besonderheiten jedes Einzelnen für die anderen befördern.
Zudem erhält die Leitung durch das Blitzlicht frühzeitig Hinweise auf
Probleme und Schwierigkeiten, die dann in unterschiedlicher Weise
aufgegriffen werden können. Die Leitung kann spontan in der Teamsitzung darauf eingehen oder das „Blitzlicht" als eigenständiges Thema in einer weiteren Sitzung behandeln. Sie kann auch in kleineren
Gruppengesprächen oder im persönlichen Gespräch die Themen ge-
sondert angehen.

Das „Blitzlicht" wurde für die Leitung zu einem Instrument zur Führung der Mitarbeitenden. Durch die Informationen aus dem Team
können Themen bearbeitet werden, bevor sie für mehrere Personen
zu Problemen werden oder sich zu größeren Konflikten entwickelt haben.

- *Einführung einer Stecktafel:* Die Arbeit in dem betreffenden Team ist
  täglich auf verschiedene Mitarbeitende aufgeteilt. Deren Touren um-
  fassen jeweils drei bis fünf Klienten, die gepflegt und versorgt werden
  müssen. Wer welche Aufgaben in einer Schicht hat, wird zu Beginn
  festgelegt. Damit eine größere Transparenz darüber vorhanden ist,
  wer welche Aufgaben erhalten und erledigt hat, wurde eine Stecktafel
  angeschafft, die für Transparenz bei den Arbeitsaufträgen sorgt. Dies
  beugt dem Misstrauen der Mitarbeitenden untereinander vor, dass andere ihre Arbeit eventuell nicht leisten oder in der Aufgabenzuteilung
  womöglich bevorzugt werden. Gegenseitige Vorwürfe sollten auf diese Weise vermieden werden. Die Erprobung hat gezeigt, dass nicht nur
  größere Klarheit innerhalb des Teams entstanden ist, sondern dass
  auch die Leitungskräfte besser kontrollieren und dokumentieren können, wenn Mitarbeitende mehr oder weniger systematisch die erforderliche Leistung nicht erbringen.

Abb. 21: Interventionswege durch die Leitung beim „Blitzlicht" im Rahmen von Teambesprechungen. Quelle: Eigene Darstellung.

● *Klärung von Arbeitsschritten:* Neben der Schaffung von Transparenz der täglichen Arbeitsaufträge mittels der Stecktafel wurde in einer längeren Teamsitzung geklärt, welche konkreten Arbeitsschritte immer und notwendig in einem Zimmer beziehungsweise bei einem Klienten geleistet werden müssen. Da die Kolleginnen und Kollegen der jeweils nachfolgenden Schicht die Schritte erledigen müssen, die zuvor nicht geleistet wurden, bestand ein großes Interesse daran, alle Mindestanforderungen zu klären. So wurde im Team gesammelt, dass beispielsweise auch der Müll zu entsorgen und zu lüften ist sowie neue Materialien nachzufüllen sind. Die Klärung im Team brachte mit sich, dass das Verantwortungsgefühl der Mitarbeitenden für die Arbeit gestärkt und eine wechselseitige Selbstkontrolle auf der Teamebene angeregt wurde.

● *Vereinbarung zur Teamkommunikation:* In einer außerordentlichen Teamsitzung erarbeiteten die Mitarbeitenden, angeleitet durch die Führungskraft, wie die Kommunikation im Team verbessert werden kann. Zunächst stellten sie sich die Frage, wie die Zusammenarbeit im Team ideal, also unabhängig von den konkreten Bedingungen und Möglichkeiten gestaltet sein sollte. Darauf aufbauend suchten sie nach konkreten Lösungsvorschlägen für die eigene Arbeit. Dabei verabredeten sie Formen des Umgangs. So wollen sie sich künftig bei Problemen sachliches und zeitnahes Feedback geben, persönliche Konflikte aus der Arbeit heraushalten, einen freundlichen Umgangston pflegen und nicht weiter über abwesende Personen kritisch reden. Durch diese Absprachen sollte eine gemeinsame Grundlage der Zusammenarbeit gelegt werden, auf die sich jede und jeder auch in der Arbeit beziehen kann. Ob die Umsetzung dieser Punkte auch bei der Arbeit gelingt, soll nach einem halben Jahr in einer erneuten Teamsitzung zu dem Thema besprochen werden.

● *Unterstützung von informellem Austausch:* Der kollegiale Austausch und die Zusammenarbeit profitieren davon, wenn sich die Beschäftigten untereinander kennen. Aus diesem Grund wurden Möglichkeiten des informellen Austauschs ausgebaut. Im Anschluss an Teamsitzungen sollen gelegentlicher Kaffee und Kuchen zu Gesprächen untereinander einladen, Feste (Sommerfest, Weihnachtsfeier, etc.) und Ausflüge (z. B. gemeinsame Kutschfahrt) sollen gemeinsame Erlebnisse ermöglichen. Durch diese gelegentlichen Inseln des Austauschs werden die informellen Absprachen möglich, die aufgrund der Verdichtung der Arbeit bisher nicht möglich waren.

● *Durchführung einer Rückenschule:* Im Anschluss an die Arbeit wurde in den Räumlichkeiten der Einrichtung eine Rückenschule auf freiwilliger Basis in der Freizeit angeboten. Diese wurde von vielen Mitarbeitenden wahrgenommen, sodass darüber neue Kontakte und Kontaktwege auf kollegialer Ebene geschaffen wurden. Die Rückenschule stärkt die individuellen Ressourcen der Beschäftigten –insofern hat sie auch die Erwartungen der Mitarbeitenden erfüllt, die diese aufgrund des Titels des Konzepts entwickelt hatten. Bedeutsamer als der Inhalt der Maßnahme war die Form. Das gemeinsame Lernen und Üben hat die Kommunikation im Team angeregt. Die klassische Maßnahme der Gesundheitsprävention diente hier, solange sie durchgeführt wurde, auch der Teamentwicklung.

● *Anschaffung von technischen Hilfsmitteln:* Im Strategieworkshop hat sich herausgestellt, dass die beiden bislang vorhandenen Lifter nicht ausreichend sind. Dadurch sind im Arbeitsprozess immer wieder Unterbrechungen, lange Wege oder belastendes Heben und Tragen erforderlich. Kurzfristig wurde ein neuer Lifter angeschafft und dem Team zur Verfügung gestellt.

● *Coaching der Führungskraft:* Die Führungskraft des Bereichs wurde mit einem Coaching unterstützt, um die eigenen Aktivitäten und Möglichkeiten der Teamgestaltung besser sehen und umsetzen zu können. Im Projektzeitraum fanden nach einem Einführungsgespräch fünf Sitzungen statt.

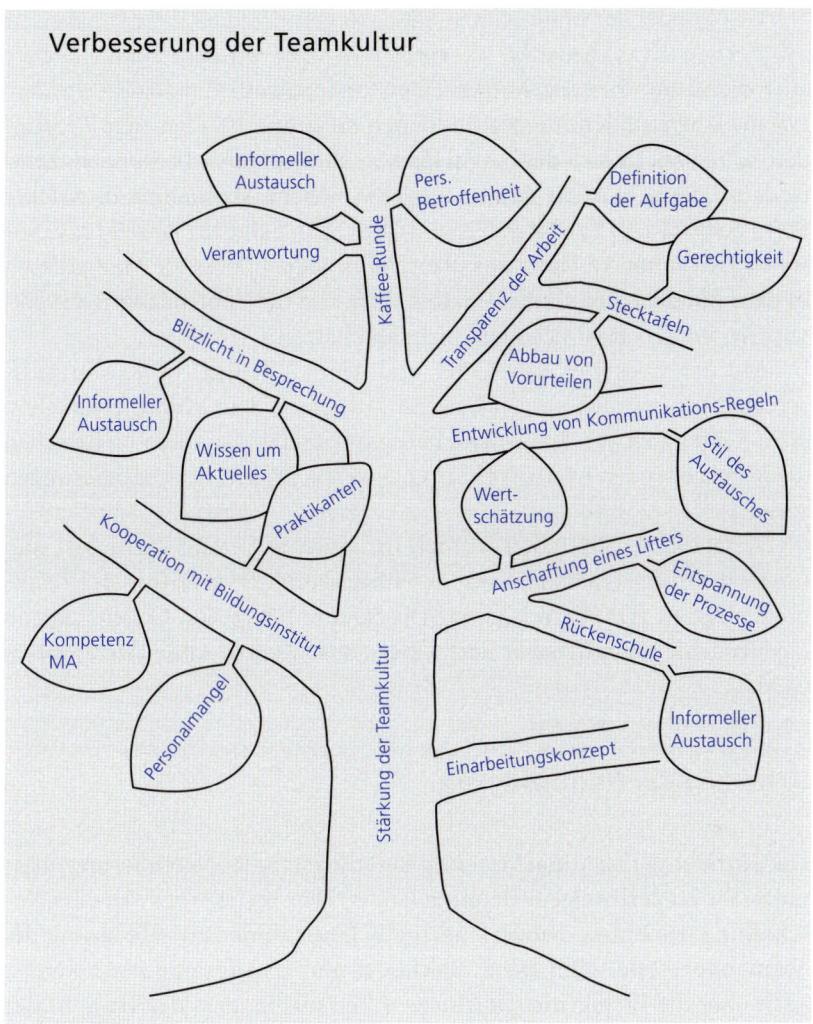

Abb. 22: Darstellung der Maßnahmen der Einrichtung im Zusammenhang. Quelle: Eigene Darstellung.

Die Vielzahl und die Verschiedenheit der Maßnahmen zeigen, dass die Fokussierung im Vorfeld auf das Themenfeld der Teamentwicklung nicht einschränkend bei der Auswahl der Maßnahmen gewirkt hat. Umgesetzt wurden sowohl kostenintensive (Anschaffung des Lifters) als auch kostenneutrale Maßnahmen (Unterstützung von informellem Austausch), sodass sich die Folgekosten des Projekts in Grenzen gehalten haben. Auffällig ist jedoch, dass die kurzfristige Anschaffung des Lifters von den Mitarbeitenden sehr positiv aufgenommen wurde. Sie haben dies als einen Akt der Wertschätzung aufgefasst.

Das Bündel der Maßnahmen hat dazu geführt, dass die vormals sehr zahlreichen Krankheitstage wesentlich weniger wurden. Damit konnte auch die Summe der angestauten Überstunden deutlich reduziert wurden. Lag die Überstundenzahl pro Kopf noch im Januar 2011 bei circa 75 Stunden, so reduzierte sich diese Zahl bis Mai 2012 auf circa 19 Stunden. Zwar ist es unmöglich, exakt zu identifizieren, welche Maßnahme in welcher Form gewirkt hat. Es ist naheliegend, dass auch Faktoren jenseits des Projekts gewirkt haben. Durchaus plausibel ist jedoch, dass die Maßnahmen in dem Bündel einen Einfluss hatten. Wie sich die Zahlen langfristig entwickeln werden, lässt sich noch nicht abschätzen.

Mit der Stecktafel, dem Lifter und dem „Blitzlicht" in den Teambesprechungen wurden vergleichsweise kurz nach dem Strategieworkshop erste Aktivitäten zur Teamentwicklung umgesetzt. Auf diese Weise sahen die Mitarbeitenden relativ frühzeitig, dass das Projekt für Veränderungen sorgt.

Zusätzliche Aktivitäten wurden im weiteren Verlauf entwickelt und umgesetzt. Nach einem Jahr war absehbar, dass sich im Gefüge des Teams die Kultur zu verändern begann. Die weitere Pflege der Aktivitäten soll das Erreichte sichern, bevor nach einer Pause weitere Aktivitäten geplant werden.

Sicherung der Nachhaltigkeit

Die Einrichtung hat die geförderten Beratungstage für Veränderungen genutzt, die längerfristige Bedeutung haben. Dies betrifft nicht nur die Anschaffung des Lifters, sondern auch alle Maßnahmen zur Förderung der Teamkooperation. „Blitzlicht", Stecktafel und gemeinsame Feste werden auch über die Projektlaufzeit hinaus dafür sorgen, dass das Team besser zusammenfindet.

Um einen neuen Impuls zu setzen, soll die Befragung nach zwei bis drei Jahren erneut durchgeführt werden. Dabei wird sich zeigen, was sich bis dahin positiv oder negativ verändert hat. Es soll sichtbar werden, welche der im Strategieworkshop identifizierten Punkte mit Handlungsbedarf erfolgreich bearbeitet wurden und welche noch ausstehen. Zwischenzeitlich ist die Nutzung des Spiels geplant, sodass auch mittelfristig ein neuer Impuls gegeben wird.

Die Geschäftsführung hat die Konsequenz gezogen, beginnend im Jahr 2013, weiterhin sowohl eine vierteljährliche Teambegleitung als auch ein vierteljährliches Coaching der Pflegedienstleitung (beides in sechswöchigem Abstand) anzubieten. Diese Team- und Leitungsbegleitung soll über einen längeren Zeitraum andauern.

5.3 Praxisbeispiel 3: Arbeitsorganisation und Gesundheitsförderung

Der Personalmangel und die Verdichtung der Arbeit sind dominierende Themen in vielen Hilfebereichen der Sozialwirtschaft. Dies gilt auch für eine mittelgroße Einrichtung (ca. 100 Mitarbeitende), die sich an dem Projekt beteiligt hat. Die grundlegende Motivation für Aktivitäten mit Blick auf die eigene Belegschaft ist die Personalknappheit. Angesichts der bevölkerungsweiten Veränderungen ist es naheliegend, dass hier keine einfachen Lösungen gefunden werden können.

Ein wesentlicher Schritt gegen den Personalmangel kann in der Personalbindung gesehen werden. Dies ist der Ansatz, den die Einrichtung gewählt hat. Der Erhalt der Leistungsfähigkeit und Leistungsbereitschaft insbesondere der langjährigen Mitarbeitenden sollte gestärkt, ihre Krankheitstage reduziert und die Ressourcen ausgebaut werden. Gesundheitsförderung wird auf diese Weise zu einem Instrument zur Sicherung der Fachkräftebasis.

Die sehr dichten Prozesse in der Einrichtung haben es nicht erlaubt, eine größere Arbeitsgruppe zu bilden. Stattdessen hat sich eine kleine, entscheidungsfreudige Arbeitsgruppe zusammengefunden, um angeregt und unterstützt durch die externe Begleitung direkt spürbare Entlastungen für die Mitarbeitenden zu beschließen und umzusetzen. Wesentliche Ressource war dabei die Leitung der Einrichtung, die mit ihren Erfahrungen im Projektmanagement die Aktivitäten deutlich beschleunigte.

Handlungsbedarf und Maßnahmenplanung

Die Ergebnisse der Analyse haben die Themen Teamentwicklung, Arbeitszeitgestaltung und Gesundheitsförderung hervorgebracht. Auch wenn zunächst alle Themen bearbeitet und zu allen Themen Maßnahmen entwickelt wurden, zeigte sich im weiteren Verlauf, dass das überraschend aufgetauchte Thema der Teamentwicklung nur einen geringeren Handlungsdruck mit sich bringt. Weder die Mitarbeitenden noch die Führungskräfte sahen hier –trotz entsprechender Hinweise bei der Bedarfsanalyse – eine besondere Notwendigkeit, sodass dieses Thema nicht weiterverfolgt wurde.

Diese Erfahrung zeigt deutlich, dass die Ergebnisse der Analyseinstrumente nicht nur gewisse Problemanzeigen hervorbringen, sondern die Akteure der Einrichtung auch zu einem sehr differenzierten Diskurs anregen und gleichzeitig dazu verpflichten, besonders auffällige Aussagen (sowohl sehr positive als auch sehr negative) kritisch auf einen Interventionsbedarf hin zu überprüfen. Vielleicht hätte eine größere Arbeitsgruppe, bei der die Mitarbeitenden stärker repräsentiert gewesen wären, dazu geführt, das Thema anders anzugehen. Entweder hätten sie darstellen können, warum die Teamentwicklung ein bearbeitungswürdiges Thema ist, oder sie hätten die Arbeitsgruppe frühzeitig dazu ermuntern können, das Thema nicht weiterzuverfolgen.

Im Rückblick wäre die relativ kleine Einrichtung möglicherweise auch mit der Analyse durch das Spiel gut beraten gewesen. Dies hätte den Vorteil gehabt, dass die Mitarbeitenden von Beginn an stark eingebunden gewesen wären. Sie hätten dann ihre Anliegen nicht nur schriftlich geäußert, sondern sie hätten auch selbst mögliche Maßnahmen für ihren Bereich entwickelt. Die Partizipation hätte dadurch eine inhaltlich breitere Grundlage bekommen. Da zu diesem Zeitpunkt das Spiel noch nicht entwickelt war, stand diese Option damals noch nicht zur Verfügung. Inzwischen haben Einrichtungen die Wahl zwischen der Befragung aller Mitarbeitenden und der Bearbeitung in kleineren Gruppen mithilfe des Spiels.

Umgesetzte Maßnahmen

Die Arbeitsgruppe hat für die beiden verbleibenden Themenbereiche zahlreiche Ideen für Maßnahmen entwickelt, die zum Teil bereits umgesetzt werden konnten. Im Bereich der Arbeitszeitgestaltung sollten Lösungen für zwei Schwierigkeiten gefunden werden: Die Anzahl der geteilten Dienste (insbesondere an Wochenenden) und das kurzfristige Einspringen sollten reduziert werden. Folgende Maßnahmen wurden entwickelt:

- *Neue Mitarbeitende:* Es sollen vermehrt Fachkräfte eingestellt werden, die auf der Basis von 400 Euro insbesondere vormittags und an Wochenenden die Arbeit übernehmen. Im Blick sind hier Fachkräfte, die sich in Elternzeit befinden und gelegentliche Verdienstmöglichkeiten suchen. Für sie könnte insbesondere das Wochenende interessant sein, da dann der Partner beziehungsweise die Partnerin die Betreuung der Kinder übernehmen kann. Ein weiterer Vorteil ist neben der Reduktion der geteilten Dienste auch die Personalbindung während der Elternzeit. Die Kolleginnen und Kollegen bleiben dann mit der Praxis verbunden, sodass auch die Einarbeitung nach einer längeren Pause leichter möglich ist.
- *Schneller Wechsel von Mitarbeitenden:* Eine arbeitsgruppenübergreifende Poollösung konnte bislang noch nicht umgesetzt werden, da sehr unterschiedliche Arbeitsmodelle in den Gruppen bestehen und eine solche Poollösung zudem eine oft nicht einfache Personalüberlassung zwischen Abteilungen und Bereichen erfordern würde. Dies

würde auch höhere Anforderungen an die Kooperation zwischen den Führungskräften stellen.

- *Umfanggarantie:* Eine Umfanggarantie für geteilte Dienste ist in der konkreten Entwicklung. Dahinter steht die Überlegung, den Mitarbeitenden klar und verbindlich zu kommunizieren, dass sie nur eine bestimmte Anzahl von geteilten Diensten pro Jahr zu leisten haben. Unabhängig davon, wie hoch diese maximale Zahl festgelegt wird, führt sie dazu, dass die geteilten Dienste für die Mitarbeitenden überschaubar, da abzählbar werden.

- *Neue Funktionsebene:* Eine vierte Idee zur Reduktion der geteilten Dienste ist die Einführung einer weiteren Funktionsebene. Dadurch soll es gelingen, ein anderes Arbeitszeitmodell zu installieren. Da dieses noch nicht entwickelt ist, lässt sich sein Potenzial noch kaum ermessen. Zu beachten ist allerdings, dass der Einsatz von Servicekräften eine stärkere, weil permanente fachliche Beanspruchung für die Fachkräfte mit sich bringt, und dass diese Lösung nur dort möglich ist, wo die geltende Fachkraftquote bislang noch deutlich überschritten wird.

- *Sicherung der Freizeit:* Zur Reduktion des kurzfristigen Einspringens wurde ein Klebepunktesystem diskutiert, mit dem die Mitarbeitenden kommunizieren können, dass sie am Wochenende möglichst nicht angerufen werden möchten. Dies kann eine Entlastung für die Mitarbeitenden bedeuten, da sie (fast sicher) wissen, von der Arbeitsstelle verschont zu bleiben. Darüber hinaus entlastet es die Leitungskraft, die nicht erfolglos viele Anrufe tätigen muss.
  Wichtig ist bei dieser Maßnahme die Abgrenzung gegenüber einer Rufbereitschaft für die übrigen Mitarbeitenden. Die Klebepunkte dürfen nicht bedeuten, dass man mit Sicherheit nicht angerufen wird, und der Verzicht auf die Klebepunkte darf keine Verpflichtung zum Einspringen mit sich bringen. Ob das System eine Rufbereitschaft begründet, die dann bezahlt werden müsste, hängt also wesentlich von der genauen Ausgestaltung der Maßnahme ab. In jedem Fall ist hier eine enge und offene Absprache mit der Vertretung der Mitarbeitenden wichtig.

- *Prämie für Flexibilität:* Die Gewährung einer Sachprämie bei kurzfristigem Einspringen ist im Vergleich dazu deutlich weniger strittig. Die Mitarbeitenden erhalten als Entschädigung und als Anerkennung ihrer Flexibilität eine steuerfreie Prämie im Wert von 15 Euro in Form eines Sach- oder Tankgutscheins. Klares Kriterium ist hier die Kurzfristigkeit des Einspringens. Dies ist der Fall, wenn es zu einer Änderung des geplanten Dienstes am gleichen Tag kommt, wenn am bereits begonnenen Werktag die Mitarbeitenden „aus dem Frei" geholt werden oder wenn sie an Wochenenden beziehungsweise Feiertagen am selben oder am Vortag angefragt werden und flexibel einspringen. Aufgrund steuerlicher Bedingungen dürfen die Prämien 44 Euro pro Monat nicht überschreiten.

Neben den Aktivitäten zur Gestaltung der Arbeitszeit hat die Einrichtung unterschiedliche Maßnahmen zur Gesundheitsförderung im Blick, deren wichtigste und kreativste im Folgenden benannt werden:

- *Einführung einer Kurzmassage*: Eine Kurzmassage am Arbeitsplatz durch qualifizierte Masseure soll einmal monatlich für eine kurze heilsame Intervention sorgen. Dabei steht weniger der direkte medizinische Nutzen im Fokus – dazu ist die Massage zu kurz und zu selten – doch kann sie als kurzfristige Wohltat eine deutliche Anerkennung der Arbeit bedeuten. Wichtig ist bei diesem Angebot, dass es niederschwellig angeboten wird: Die Mitarbeitenden müssen weder in eine Praxis noch extra Zeit einplanen, denn die Massage erfolgt am Arbeitsplatz.

- *Unterstützung von Sportgruppen:* Eine standortübergreifende Walkinggruppe wird durch die Einrichtung subventioniert und unterstützt. Feste Termine mit einer Anleitung bilden dazu den Auftakt. Wichtig ist dabei neben dem gesundheitlichen Nutzen die Vernetzung der Mitarbeitenden in Kontexten, die nichts mit der täglichen Arbeit zu tun haben.

- *Finanzierung von Fitnessangeboten:* Eine Kooperation mit dem Fitnessstudio in unmittelbarer Nähe, das wiederum mit dem nahe gelegenen Schwimmbad in Verbindung steht, soll die Mitarbeitenden zu Sportaktivitäten motivieren. Die räumliche Nähe kann dazu führen, dass sich auch Mitarbeitende für das Angebot interessieren, die normalerweise nicht regelmäßig sportlichen Aktivitäten nachgehen. Ob dies der Fall ist, wird nach geraumer Zeit zu überprüfen sein.

Neben diesen Aktivitäten zur Gesundheitsförderung bietet die Einrichtung Rückenintensivkurse, Kinästhetik-Coachings und Seminare zur Stressbewältigung an. Inwieweit künftig auch die Ernährung berücksichtigt werden soll, wird noch geprüft.

Eine wesentliche Hilfe für die Projektumsetzung war die Festsetzung eines bestimmten Betrags, der für die Maßnahmen zur Verfügung steht. Dies ermöglicht eine klare Planung, ohne dass jede Maßnahme, die nicht kostenfrei ist, automatisch unter Finanzierungsvorbehalt steht. Dabei ist weniger die Höhe des Betrags entscheidend als die Einplanung der Mittel. Je nach Anspruch und Charakter der Maßnahmen können in einer mittleren Einrichtung (80 bis 150 Beschäftigte) mit einer Summe von 15.000 bis 25.000 Euro viele attraktive und zusätzliche Maßnahmen umgesetzt werden.

Sicherung der Nachhaltigkeit

Die Nachhaltigkeit der Aktivitäten des Projekts wird durch einen neu ge-
gründeten „Qualitätszirkel Gesundheitsförderung" gesichert. Dieser wird
sich insbesondere um die Aktivitäten zur Gesundheitsförderung küm-
mern. Die geplanten Maßnahmen werden in die Praxis überführt und
weitere Ideen sollen entwickelt werden. Mit der Besetzung des Zirkels –
Geschäftsführung, MAV, Vertreter der verschiedenen Standorte und der
Personalabteilung – sind alle erforderlichen Kompetenzträger zusammengeführt, um Entscheidungen schnell treffen zu können.

Angesichts der knappen zeitlichen Ressourcen wird es eine Herausforderung sein, konkrete Ideen nach der Planungsphase in die Praxis umzusetzen und im weiteren Verlauf zu begleiten. Wenn dies jedoch gelingt,
wird die Einrichtung langfristig von dem begonnenen Prozess profitieren.

5.4 Praxisbeispiel 4: Breite Nutzung des Konzepts

Eine mittelgroße Einrichtung (ca. 120 Mitarbeitende) hat sich an dem Projekt beteiligt, um Krankheitsgefahren zu erkennen sowie mittel- und langfristig die Krankheitsrisiken überschaubar zu halten. Die Mitarbeitenden
der Einrichtung haben ein sehr hohes Durchschnittsalter (über 48 Jahre),
das aufgrund der sehr geringen Fluktuation weiter steigen wird. BELEV
sollte dazu genutzt werden, die Krankheitsrisiken anzugehen und die Attraktivität für junge Nachwuchskräfte zu steigern.

Handlungsbedarf und Maßnahmenplanung

Die Analyse der Einrichtung hat das hohe Durchschnittsalter bestätigt.
Die neben der Befragung eingesetzte Altersstrukturanalyse zeigte, dass
sich der größte Teil der Beschäftigten in der zweiten Hälfte des Erwerbs-
lebens befindet. Junge Mitarbeitende sind kaum vorhanden (vgl. Abb. 25).

Deutlich sichtbar ist bei der Altersstruktur, dass nach Ablauf der folgenden fünf Jahre ein deutlicher Personalverlust zu erwarten ist. Ohne ein
Wachstum der Einrichtung, ist die Korrektur der Altersstruktur in den
kommenden Jahren nur in geringem Umfang möglich.

Die Befragung zeigte in vielen Feldern der Matrix überdurchschnitt-
liche Werte. Unterdurchschnittlich ist die Einrichtung in keinem Handlungsfeld aufgestellt. Eine direkte und deutlich sichtbare Problemanzeige
war nicht gegeben. Dennoch legte der Strategieworkshop viele verschiede-

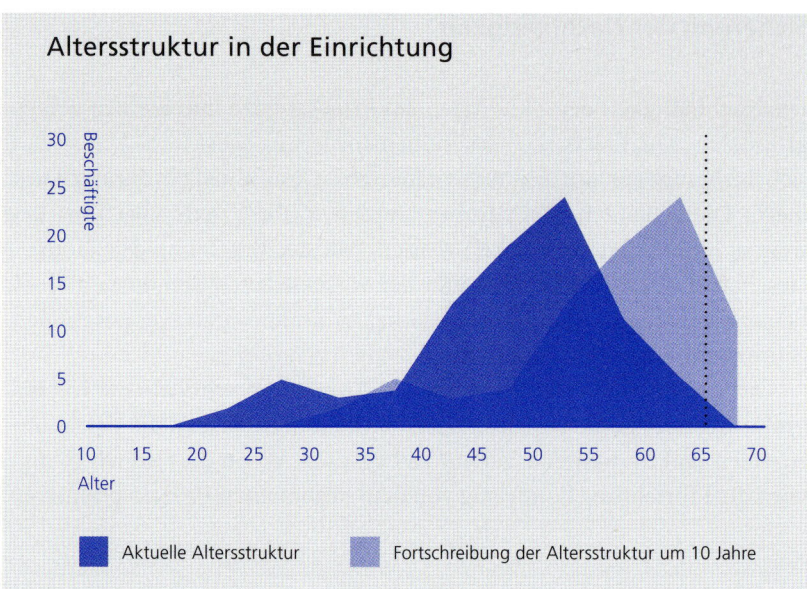

Abb. 23: Altersstruktur in der Einrichtung. Quelle: Eigene Darstellung.

ne Handlungsbedarfe offen, von denen einige für die Führungskräfte auch überraschend waren. In dem Prozess wurden folgende Themen bearbeitet:

Umgesetzte Maßnahmen

Wie die Matrix in Abbildung 24 zeigt, hat die Einrichtung auf zahlreichen Handlungsfeldern Maßnahmen umgesetzt. Einige davon lassen sich ohne Weiteres als Anregung für weitere Einrichtungen nutzen:

● *Rücksprache bei Anschaffungen*: Am Beispiel von Dienstwagen hat sich gezeigt, dass die Leitung trotz langjähriger Praxiserfahrung nicht unbedingt von alleine die Bedürfnisse der Mitarbeitenden erfassen und berücksichtigen kann. Aus diesem Grund werden bei künftigen Anschaffungen die Wüsche des Teams abgefragt. Als erstes Ergebnis wurde bereits ein Dienstwagen des ambulanten Teams mit Standheizung angeschafft. Auf diese Weise lassen sich in den Wintermonaten ständige Temperaturunterschiede zwischen sehr warmen Badezimmern und sehr kalten Autos vermeiden.

● *Schaffung eines Springerpools:* Die Mitarbeitenden wurden befragt, wer ein Interesse an einem freiwilligen und vorübergehenden Wechsel von einem Team ins andere hat. Eine überraschend große Zahl hat hier Interesse bekundet, sodass, als die Nachfrage in einem Bereich plötzlich sehr stark zunahm, die Mitarbeitenden in diesen anderen Be-

Maßnahmen der Einrichtung

EINFLUSS-BEREICHE FÜR GESUNDES ARBEITEN / SALUTOGENETISCHE PRINZIPIEN	HANDELN DER UNTER-NEHMENSLEI-TUNG	HANDELN DER DIREKT VORGE-SETZTEN FÜHRUNGS-KRAFT	ZUSAMMEN-ARBEIT IM TEAM	ORGANISA-TION DER ARBEIT UND RAHMENBE-DINGUNGEN	DIE EIGENE HALTUNG UND DAS EIGENE VERHALTEN
Sinnhaftigkeit					
Handhabbarkeit	Bei Dienstwagenbeschaffung Wintertauglichkeit sicherstellen (Ausstattung/ Garagen) Personalgewinnung Es stehen in allen Bereichen ausreichend viele, motivierte und gesunde Mitarbeiter zur Verfügung.		Arbeitszeit und Dienstplan Die Arbeitsverteilung und Dienstplanung wird neu gestaltet.	Umgang mit Gefahren Abstimmung Gefährdungsbeurteilung Arbeitssicherheitsausschuss Arbeitszeit und Dienstplan Die Arbeitsverteilung und Dienstplanung wird neu gestaltet.	Gesundes Arbeiten realisieren Analyse der Krankheitsursachen Maßnahmen zur Gesundheitsförderung Einsatz von Hilfsmitteln in der Pflege
Verstehbarkeit		Kommunikation und individuelle Unterstützung Es wird ein Umgang gepflegt, der Würdigung und Kritik ermöglicht.	Kommunikation und individuelle Unterstützung Jeder Mitarbeiter ist befähigt, klar und offen zu kommunizieren und mit Kritik umzugehen.		

Abb. 24: Darstellung der Aktivitäten der Einrichtung in der Form der Matrix. Quelle: Eigene Darstellung.

reich entsendet werden konnten. Neben der Steigerung der betrieblichen Flexibilität führte diese Maßnahme zu einer Homogenisierung der Unternehmenskultur (der Austausch wurde gesteigert) und ermöglichte individuelle Entwicklung durch Job-Rotation (neue Erfahrungen wurden gewonnen).

- *Reduktion von Überstunden*: Viele Überstunden konnten durch deren zeitnahe Ausbezahlung abgebaut werden. Außerdem stellt die Einrichtung sicher, dass genügend Arbeitskräfte zur Verfügung stehen, um das Arbeitspensum zu bewältigen. Dadurch fallen dann weniger Überstunden an.
- *Kommunikationstraining:* An einer ausführlicheren Fortbildung zur Kommunikation haben nur diejenigen Mitarbeitenden teilgenommen, die sich auch ohne die Fortbildung für das Thema interessierten. Aus diesem Grund wurde im Rahmen von Teambesprechungen ein kurzer verbindlicher Impuls für alle Mitarbeitenden angeboten und zur Diskussion gestellt. Ergänzt wurde dies durch ein kurzes Merkheft zur Kommunikation.
- *Angebot von Supervision*: Supervision ist in manchen Hilfebereichen eine Selbstverständlichkeit, in anderen gilt sie noch immer als anrüchig. Auch in dieser Einrichtung wird Supervision nicht angenommen, dennoch erfordern auch hier schwierige Situationen eine Klärung. Deshalb wurde ein „Beratungsangebot für Pflegeteams" geschaffen, das einzelne Mitarbeitende und das ganze Team für sich nutzen können. Sehr bewusst wird bei diesem Angebot, für das externe Berater zur Verfügung stehen, auf den Titel „Supervision" verzichtet.

  Auf der Homepage des Diakonischen Werks Württemberg ist eine Supervisionsliste zu finden. Die dort aufgelisteten Personen verfügen über eine qualifizierte Supervisions- oder Coachingausbildung sowie über Praxiserfahrung oft auch im sozialen Bereich.
- *Maßnahmen zur Gesundheitsförderung*: Die Einrichtung unterstützt unterschiedliche Settings zur Stärkung der Rückenmuskulatur. Die Mitarbeitenden konnten nach ihrer Präferenz wählen. Durch die Finanzierungskombination von Arbeitgeber (40 Euro) und Krankenkasse (ca. 60 Euro) konnte auch das Training im Fitnessstudio kostenfrei angeboten werden.
- *Weitere Angebote zu Entschleunigung und Wellness* dienten als einmalige Aktionen weniger einer längerfristigen Gesundheitsvorsorge, sondern wurden als Wertschätzung des Engagements der Mitarbeitenden geplant und durchgeführt.
- *Neuausrichtung der Rekrutierung*: Entgegen dem allgemeinen Trend wurde der Fokus der Personalgewinnung verändert. Da sehr junge Ausbildungsabsolventinnen und -absolventen wenig Erfahrung haben und von den Klientinnen und Klienten weniger akzeptiert werden, sollen künftig verstärkt Menschen nach der Elternzeit gewonnen werden. Für diese Zielgruppe ist die Arbeit in der Einrichtung aufgrund der Tätigkeit und der Arbeitszeiten attraktiver als für jüngere Fachkräfte.

Die vielen Aktivitäten der Einrichtung haben dazu geführt, dass die ohnehin sehr hohe Zufriedenheit der Mitarbeitenden noch weiter gestiegen ist. Dies hat sehr positive Auswirkungen auf die Personalgewinnung: Inzwischen kann die Einrichtung trotz deutlichem Wachstum auf das Schalten von Zeitungsannoncen verzichten, denn die Mitarbeitenden werben in ihren Netzwerken für die Mitarbeit. So konnten Fachkräfte gewonnen werden, die nach ihrer Familienphase nicht oder fachfremd (z. B. Einzelhandel) gearbeitet haben oder die bei Wettbewerbern beschäftigt waren.

Sicherung der Nachhaltigkeit

Die Sicherung der Nachhaltigkeit wird in dieser Einrichtung über die Implementierung des Konzepts als kontinuierlicher Verbesserungsprozess gesichert. Sofern es sich künftig als möglich erweisen sollte, wird die Arbeitsgruppe in den Arbeitsschutzausschuss integriert. Allein schon über diese Struktur wäre dann die Nachhaltigkeit gesichert.

Doch auch unabhängig davon führt die Einrichtung den Prozess weiter: Die bislang entwickelten und umgesetzten Maßnahmen stellen lediglich den Beginn der Aktivitäten dar. Die Arbeitsgruppe wird auch künftig tagen und weitere Themen umsetzen. Zu diesem Zweck ist eine Abfrage bei den Mitarbeitenden zu den bisherigen Maßnahmen geplant. Als erneuten Impuls ist für 2014 eine weitere Durchführung der Befragung der Mitarbeitenden geplant.

Entscheidende Ressource für den Prozess in dieser Einrichtung ist der Geschäftsführer, der entschieden für das Konzept eintritt und gewillt ist, langfristig die Gesundheit der Mitarbeitenden mithilfe des Konzepts zu fördern.

5.5 Weitere Umsetzungsbeispiele

Oben wurde der Prozess der Einführung des Konzepts BELEV in fünf Einrichtungen exemplarisch beschrieben. Dabei standen jeweils übergreifende Themen im Zentrum, sodass einige der umgesetzten Maßnahmen nicht genannt wurden. In der Folge seien einige davon unsortiert aufgeführt, ergänzt um Maßnahmen aus den übrigen sechs Einrichtungen, die bislang den Erfahrungsraum für das Konzept darstellen.

- *Kooperation mit Ausbildungsstätten:* Zur Sicherung der Qualität von Ausbildungen und zur verbesserten Gewinnung von Nachwuchskräften hat eine Einrichtung den Kontakt zu zwei beruflichen Schulen deutlich ausgebaut. Insbesondere ging es darum, die durch die Schule

angebotene Praxisbegleitung besser an die betrieblichen Kontexte an-
zubinden.

- *Neugestaltung des Einarbeitungskonzepts:* Eine Einrichtung hat im
  Rahmen des Projekts festgestellt, dass viele Mitarbeitende relativ rasch
  nach ihrem Dienstbeginn wieder die Einrichtung verlassen. Die her-
  ausfordernde Arbeit schreckte viele Nachwuchskräfte ab. Um dies zu
  vermeiden wurde das Einarbeitungskonzept für neue Mitarbeitende
  grundlegend überarbeitet. Vorgesehen sind nun beispielsweise aus-
  führlichere Feedback-Gespräche und eine stärker individuell ange-
  passte Hinführung an die selbstständige Arbeit.

- *Einführung eines Mentorenkonzepts:* Für die gute Einarbeitung bekommen in einer Einrichtung künftig alle neuen Mitarbeitenden eine
  Mentorin oder einen Mentor aus dem Team vor Ort an die Seite gestellt. Die Mentoren sollen die primären Ansprechpersonen für alle
  fachlichen und betrieblichen Belange sein.

- *Vereinfachte Genehmigung von Urlaub:* In einem Unternehmen haben
  die Rückmeldungen der Mitarbeitenden deutlich gezeigt, dass die auf-
  wendigen Genehmigungsverfahren von Urlaubsanträgen so umständ-
  lich und abstimmungsintensiv sind, dass ein frühzeitiges Buchen von
  Urlaubsreisen kaum möglich ist. Kurzfristig wurde dies umgestellt.
  Aufgrund der raschen Umsetzung nach dem Steuerungsworkshop
  konnten die Mitarbeitenden diese Maßnahme direkt dem Projekt zu-
  ordnen, wodurch dessen Akzeptanz gesteigert wurde.

- *Transfer von Weiterbildungsinhalten:* Motiviert durch das Qualitätsmanagement hat eine Einrichtung die Inhalte von Fort- und Weiter-
  bildungen gesichert. Standardmäßig besprechen die Mitarbeitenden
  mit den Vorgesetzten zeitnah und in Ruhe (bis zu 30 Minuten), was sie
  gelernt haben, wie sie dieses in die eigene Praxis umsetzen und wie sie
  wichtige Aspekte multiplizierend in die Einrichtung einbringen können.

- *Gestaltung der vertikalen Kommunikation:* In einer Einrichtung hat
  sich herausgestellt, dass die Mitarbeitenden unter dem sehr direkten und offenen Kommunikationsstil der Einrichtungsleitung leiden.
  Die weitere Präzisierung ließ deutlich werden, dass die mittleren Führungskräfte sich selbst eher als Mitarbeitende denn als Führungskräfte sehen. Deshalb können sie ihre Mittlerfunktion zwischen Einrichtungsleitung und Mitarbeitenden nicht ausfüllen. Nur wenn diese
  mittlere Ebene gestärkt wird, können die Führungskräfte die Vorgaben und Anforderungen in das Team tragen und gegenüber der Einrichtungsleitung die Fürsorgeverantwortung für die Mitarbeitenden
  in ihrem Bereich übernehmen. Zur Verbesserung der Architektur des
  Führungshandelns in der Einrichtung wurde ein mehrtägiger Füh-
  rungszirkel mit allen Führungskräften der Einrichtung geplant. Dabei

soll auf der Basis der Stellenprofile geklärt werden, welche Führungs-
aufgaben die mittleren Führungskräfte haben. Um die Aneignung zu
erleichtern, wurde genügend Raum für Austausch, Abstimmung und
kollegiale Beratung eingeplant. Sollte sich zeigen, dass einzelne Führungskräfte mehr methodisches Wissen benötigen, stehen ihnen weitere Seminare und Trainings zur Verfügung. Wie sich diese Veränderungen der Führungsstruktur in der Zukunft auswirken, wird sich
zeigen. Möglicherweise werden weitere Unterstützungsleistungen erforderlich sein.

- *Neugestaltung von Besprechungen*: In vielen Einrichtungen war die
  Neugestaltung von Dienstbesprechungen ein wichtiges Thema. Häufig
  geht es dann darum, den Austausch zu intensivieren, die Beteiligung
  möglichst vieler Teammitglieder zu ermöglichen und die verbindliche
  Umsetzung des Besprochenen zu optimieren.

Die Vielzahl und Verschiedenheit der Maßnahmen veranschaulicht die
Breite der Anwendbarkeit des Konzepts. Kaum ein Thema der Organisationsentwicklung wurde nicht in einer der elf Einrichtungen ausgewählt
und bearbeitet. So verschieden die Einrichtungen in der Diakonie sind, so
verschieden müssen auch die Maßnahmen zur Gestaltung der Gesundheit
der Mitarbeitenden sein.

6. Ergebnisse und Wirkungen des Konzepts in Einrichtungen

Die Einführung des Konzepts in den Einrichtungen wurde über einen Zeitraum von circa einem Jahr begleitet. Dies ist zu kurz, um den Nutzen abschließend bewerten zu können. Bis sich Krankheitsquoten verändern, sind in der Regel längere Zeiträume der Gestaltung der Arbeit erforderlich. Dennoch lassen sich einige resümierende Erfahrungswerte benennen.

6.1 Kosten bei der Einführung des Konzepts

Auch wenn sich der Nutzen noch nicht genau bemessen lässt, sind die Kosten für ein derartiges Projekt relativ klar abzuschätzen. Folgende Kosten (zuzüglich Mehrwertsteuer) kommen auf eine Einrichtung zu:

- *Kosten für externe Beratung:* Je nach Berater und Beraterin und Verhandlungsgeschick kostet eine Prozessberatung mit diesem Konzept ab 750 Euro pro Tag. Mitglieder des Diakonischen Werks Württemberg erhalten in beschränktem Umfang in der Landesgeschäftsstelle günstigere Beratung. Oben wurde beschrieben, dass zwei Beratungstage als Minimum angesetzt werden müssen.
- *Kosten für die Durchführung der Befragung:* Die Kosten für die Befragung variieren je nach Größe der Einrichtung: Je mehr Fragebögen das Institut auswertet, desto teurer ist die Befragung. Bei diakonischen Einrichtungen kommen zu dem Sockelsatz von 1800 Euro noch circa 6 Euro je Fragebogen hinzu. Je größer eine Einrichtung ist, desto günstiger wird in Relation die Befragung. Als Ausgleich dazu können sich mehrere kleine Einrichtungen für die Befragung zusammenschließen.
- *Kosten für die Anschaffung des Spiels:* Das Spiel, das sowohl für die Bedarfserhebung als auch für die Einführung in das Konzept genutzt werden kann, steht in unterschiedlichen Versionen zur Verfügung. Eine einfache Variante nur mit den Spielkarten und den Würfeln ist ab 33 Euro erhältlich. Eine materialreiche Trainerversion kostet 188 Euro. Für den täglichen Bedarf in der Einrichtung ist die mittlere Variante für 133 Euro gut geeignet.
- *Kosten für die Freistellung von Mitarbeitenden*: Die größte finanzielle Belastung für die Einrichtungen entsteht durch die Freistellung von Mitarbeitenden für die Projektarbeit. Je nach Besetzung und Wirkungsweise der Arbeitsgruppe können hier die Kosten variieren. Eine

klassisch besetzte Arbeitsgruppe mit circa zwölf Mitarbeitenden verursacht Personalausfallkosten in Höhe von ungefähr 10.000 bis 15.000 Euro. Zu beachten ist dabei jedoch, dass viele Sitzungen der Arbeitsgruppe auch in Zeiten stattfinden, in denen auch ohne das Projekt gemeinsame Besprechungen stattgefunden hätten.

- *Kosten für die Durchführung von Maßnahmen:* Die Durchführung von Maßnahmen kann Kosten verursachen. Werden beispielsweise Fortbildungen, Supervision oder Coaching geplant, sind damit Ausgaben verbunden. Dabei handelt es sich jedoch gegenüber den oben genannten Ausgaben um relativ geringe Aufwendungen. Zudem lassen sie sich den verfügbaren Ressourcen entsprechend im Projektverlauf einplanen.

6.2 Nutzen des eingeführten Konzepts

Die in diesem Leitfaden beschriebenen Umsetzungsmöglichkeiten und Praxiserfahrungen speisen sich aus elf Einrichtungen, die im Rahmend des Projekts Chronos bei der Einführung des Konzepts unterstützt wurden. Die Begleitung der Einrichtungen durch externe Beraterinnen und Berater erstreckte sich über einen Zeitraum von circa zwölf Monaten. An dessen Ende, also etwa ein Jahr nach den Auftaktveranstaltungen und etwa neun Monate nach den Strategieworkshops, wurden die Einrichtungen zu dem Nutzen und den Wirkungen des Konzepts befragt.

Eine zentrale Schwierigkeit in der Bewertung der Wirkungen eines Projekts zur Unterstützung der Gesundheit besteht in der Regel darin, dass keine klaren Daten verfügbar sein können. Auch harte Daten wie die Krankheitsquote oder die Fluktuationsquote sind nur eingeschränkt aussagekräftig. Denn aufgrund welcher Faktoren sich welche Veränderungen ergaben, lässt sich nicht zweifelsfrei feststellen. Es kann sein, dass die Erfolge durch andere Prozesse (z. B. Verdichtung der Arbeit, steigendes Durchschnittsalter) eingeschränkt werden. Ähnlich wie bei der Öffentlichkeitsarbeit und der Bildung ist der direkte „Return on Investment" (Rendite einer unternehmerischen Tätigkeit, gemessen am Gewinn im Verhältnis zu den eingesetzten Mitteln) nur schwer festzustellen. Klar ist aber: Ohne „Investment" ist kein oder gar ein negativer „Return" sehr wahrscheinlich.

Die Evaluation in den Einrichtungen (siehe dazu auch die Artikel von Marr und Bührer im Sammelband) hat gezeigt, dass die Akteure in den Einrichtungen – auch wenn sie zum Zeitpunkt der Befragung die langfristigen Auswirkungen des Projekts noch nicht bewerten können – die Implementierung des Konzepts sehr positiv bewerten. Auch wenn es bisweilen Anlaufschwierigkeiten und Stolpersteine gab, die inzwischen auf-

grund der Erfahrungen mit der ersten Implementierung umgangen werden können, so kam es in allen Einrichtungen zu wichtigen Erkenntnissen
und spürbaren Maßnahmen.

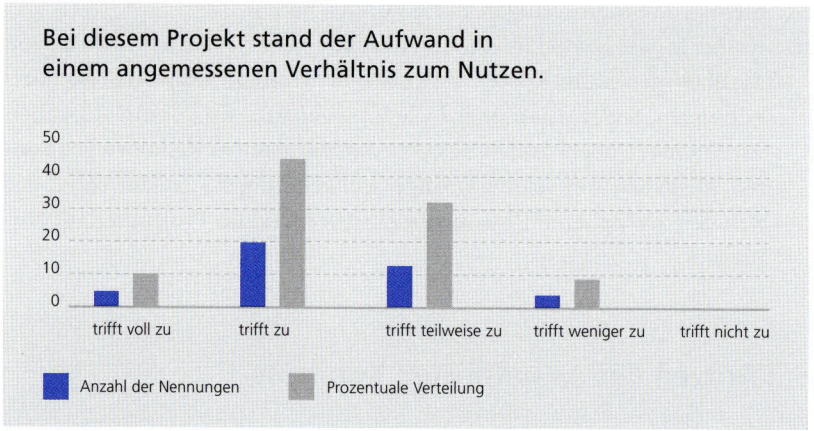

Abb. 25: Ergebnis einer Befragung in den Einrichtungen. Quelle: Artikel von Bührer
im Sammelband.

Die Relation von Aufwand und Nutzen wurde in den Einrichtungen als
angemessen angesehen. Ob und inwieweit sich der Nutzen auch bei künftigen Projekten in anderen Einrichtungen einstellen wird, muss auch in
Relation zu den jeweiligen Zielen bemessen werden. Da das Konzept „BE-
LEV – Gesundes Arbeiten gestalten" Anregungen zu sehr unterschiedlichen Themen und Bereichen geben kann, bringt auch die Umsetzung
unterschiedliche Ausrichtungen mit sich. So können beispielsweise die Re-
duzierung von Belastungen, die Neuausrichtung des Teams oder die Stärkung des einrichtungsinternen Zusammenhalts im Fokus stehen.

7. Weiterführende Informationen

In der bisherigen Anwendung des Konzepts sind unterschiedliche Hilfsmittel zum Einsatz gekommen, die speziell für die Anwendung des Konzepts entwickelt wurden. Diese werden auf den folgenden Seiten vorgestellt.

Ergänzt werden die Hilfsmittel durch den Support, der über die Landesgeschäftsstelle des Diakonischen Werks Württemberg verfügbar ist. Dabei handelt es sich um folgende Leistungen:

- *Netzwerk von Beratern:* Alle Berater, die bislang die Einführung des Konzepts in sozialen Einrichtungen und Diensten begleitet haben, können für weitere Beratungen über die Landesgeschäftsstelle angefragt werden.
- *BELEV-Forum:* Organisiert durch die Landesgeschäftsstelle findet ein informelles Netzwerktreffen für alle Einrichtungen und Dienste statt, die das Konzept BELEV einführen und dauerhaft nutzen. Der kollegiale Austausch soll bei Herausforderungen in der Konzeptumsetzung helfen. Die Treffen finden etwa halbjährlich statt.
- *Qualifizierungen für interne Projektleiterinnen und -leiter:* Bei der Einführung des Konzepts BELEV in Einrichtungen kommt der internen Projektleitung eine maßgebliche Rolle zu. Für deren Unterstützung bietet die Landesgeschäftsstelle Qualifizierungen an, die dazu dienen sollen, den Aufwand an externer Beratung für die Einrichtungen auf ein Mindestmaß zu begrenzen.

Die Kontaktdaten zur Landesgeschäftsstelle, Abteilung Theologie und Bildung: bildung@diakonie-wue.de.

Weitere Informationen zum Konzept sind über www.belev.de verfügbar.

7.1 Die BELEV-Matrix und ihre Fragen

Abbildung 26 zeigt die fünfzehn Felder der Matrix mit den jeweils handlungsleitenden Fragen für Umsetzungsprozesse in der Praxis. Die Grafik ist als Poster über das Diakonische Werk Württemberg zu beziehen.

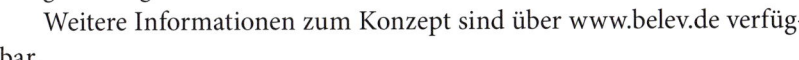

EINFLUSS-BEREICHE FÜR GESUNDES ARBEITEN / SALUTOGENE-TISCHE PRINZIPIEN	▲▲▲ HANDELN DER UNTER-NEHMENSLEI-TUNG	▼ HANDELN DER DIREKT VORGE-SETZTEN FÜHRUNGS-KRAFT	� ZUSAMMEN-ARBEIT IM TEAM	✦ ORGANISA-TION DER ARBEIT UND RAHMENBE-DINGUNGEN	▲ DIE EIGENE HALTUNG UND DAS EIGENE VERHALTEN
Sinnhaftigkeit	Was kann die Unter-nehmens-leitung tun, damit die Gesamt-einrichtung wichtige und allgemein als sinnvoll erkannte Aufgaben erfüllt?	Wie kann die direkt vorgesetzte Führungs-kraft dazu beitragen, dass die Arbeit von allen Mitarbeitern als sinnvoll erlebt wird?	Wie kann das Team dazu beitragen, dass das gemeinsame Arbeits-ergebnis von den Einzelnen als bedeutend und sinnvoll erlebt wird?	Wie muss die Arbeit organisiert sein und wie müssen die Rahmen-bedingungen beschaffen sein, damit der eigene Beitrag zur Aufgaben-erfüllung als ein sinnvoller erlebt wird?	Welchen Sinn sehe ich darin, auf die eigene Gesundheit und die anderer zu achten – auch im Hinblick auf eine gute Erfüllung meiner Aufgaben?
Handhabbar-keit	Was kann von der Unternehmens-leitung getan werden, damit die Arbeit auf allen Ebenen zu bewälti-gen ist?	Wie kann die direkt vorgesetzte Führungs-kraft Mitarbeiter/-innen dabei unterstützen, dass die Arbeit für sie handhabbar und zu bewältigen ist?	Was kann im Team dafür getan werden, dass die Arbeits-aufgaben und Anfor-derungen der Arbeit gemeinsam bewältigt werden können?	Wie muss die Arbeit organisiert und welche Rahmenbe-dingungen müssen gegeben sein, damit die Mitarbei-tenden ihre Arbeit auch bewältigen können?	Wie bewältige ich meine Arbeit so, dass es meiner Gesundheit und der Gesundheit anderer förderlich ist?
Verstehbarkeit	Was kann die Unter-nehmensleit-tung dazu beitragen, dass die Strategie und Positio-nierung der Gesamtrich-tung sowie die Kontrolle, in der die Arbeit steht, für alle bekannt und nachvollzieh-bar sind?	Was kann die direkt vorgesetzte Führungs-kraft tun, damit die Arbeits-aufgaben und Prozesse besser verstehbar werden?	Was kann im Team dafür getan werden, dass das für eine gute Zusammen-arbeit notwendige Wissen bei allen vorhanden ist?	Was ist nötig, damit die Organisation der Arbeit und ihre Rahmen-bedingun-gen für diejenigen verständlich sind, die die Arbeit ausführen müssen?	Welches Interesse habe ich daran, die Zusammen-hänge von Arbeit und Gesundheit, insbesondere für meinen Arbeits-auftrag, zu kennen?

Abb. 26

7.2 BELEV – Die Befragung

Die Mitarbeiterbefragung nimmt neben weiteren relevanten Aspekten die fünfzehn Felder systematisch in den Blick. Dabei wird ersichtlich, in welchem Ausmaß die drei Prinzipien in den fünf Bereichen verwirklicht sind. Da die Antworten auf die Befragung mit dem Durchschnitt aller bislang ausgewerteten Fragebögen (N = 1214) verglichen werden, ist eine Interpretation der Ergebnisse und die Ableitung von Maßnahmen auch ohne allzu großes Vorwissen möglich (siehe auch „Bedarfsanalyse" in Kap. 4).

Die Durchführung der Befragung stellt das Forschungs- und Beratungsinstitut MTO in Tübingen sicher. Dort werden die Fragebogen vorbereitet und dort findet die Auswertung der Befragung statt. Für den gesamten Ablauf vom Erstkontakt bis zur Auswertung sind etwa zehn Wochen einzuplanen, die sich wie folgt aufgliedern:

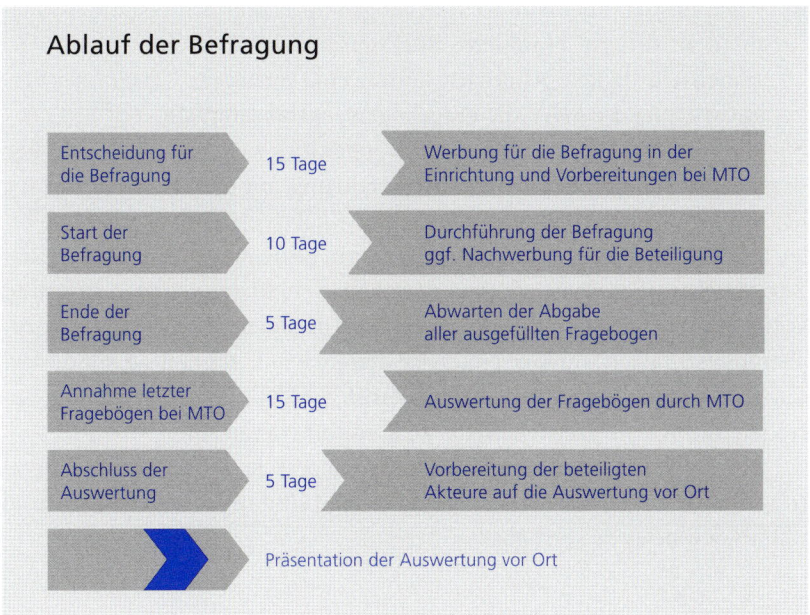

Abb. 27: Ablauf der Befragung der Mitarbeitenden. Quelle: Eigene Darstellung.

Wichtig ist die gründliche Planung der Befragung. Dabei sind folgende Aspekte zu beachten:
- Frühzeitige und umfassende Information der Mitarbeitendenvertretung. Deren Zustimmung zu der Befragung ist vorgeschrieben. Dessen ungeachtet ist die Kooperation für den Prozess sehr hilfreich.
- Für die genauere Analyse sind auch Auswertungen für Teilbereiche der Einrichtung möglich. Es ist zu entscheiden, welche Bereiche da-

für gewählt werden sollen. Diese könnten sich beispielsweise auf Geschäftsbereiche, Abteilungen oder Teams beziehen. Ist die Gruppe zu klein, ist eine Fragebogenaktion wenig aussagekräftig (erst ab 4 zurücklaufenden Fragebögen erhalten Sie eine Auswertung). Ist sie zu groß, sind Aussagen für kleinere Einheiten nicht möglich.

- Eine Befragung ist nur hilfreich, wenn sich die Mitarbeitenden auch beteiligen. Aus diesem Grund ist die Werbung für die Befragung sehr wichtig. Unterschiedliche Wege dafür sind oben beschrieben.
- Die Befragung selbst ist in Papierform oder elektronisch möglich. Für soziale Einrichtungen hat es sich bewährt, immer auch die Befragung in schriftlicher Form zu ermöglichen, da dafür eine deutlich höhere Akzeptanz vorhanden ist. Eine Einrichtung hat die Fragebögen jeweils zusammen mit einem Apfel ausgegeben, um damit den Bezug zur Gesundheit herzustellen. Dies wurde von den Beschäftigten sehr positiv wahrgenommen.
- Auch für den Rücklauf der Fragebögen (in Papierform) ist die Anonymität zu sichern. Frankierte Rückumschläge haben eine höhere Vertrauenswürdigkeit. Alternativ könnte eine versiegelte Urne in der Verantwortung der MAV die Fragebögen zentral sammeln.

Für die Auswertung der Befragung empfiehlt es sich, mit einer externen Beratung zusammenzuarbeiten, der Erfahrung mit dem Konzept BELEV hat. Dadurch wird die Interpretation der Analyseergebnisse erheblich erleichtert. Zudem trägt eine externe Beraterin beziehungsweise ein externer Berater wesentlich dazu bei, dass eventuelle Schuldzuweisungen aufgrund vorschnell aus den Befragungsergebnissen gezogener Schlüsse von vornherein vermieden werden. Treten sie dennoch auf, können sie mit der externen Beratung leichter darauf überprüft werden, ob sie tatsächlich zutreffen und wie sie gegebenenfalls zu kommunizieren sind.

Für die Befragung kann MTO – Psychologische Forschung und Beratung GmbH angefragt werden. Kontaktdaten sind unter www.mto.de und unter www.belev.de verfügbar.

7.3 BELEV – Das Spiel

Die Einführung des Konzepts „BELEV – Gesundes Arbeiten gestalten" wird umso wirkungsvoller sein, je mehr betriebliche Akteure das Konzept verstehen und nutzen. Im Rahmen des Spiels erhalten die Nutzer Lernimpulse, um Haltung und Handeln im beruflichen Alltag an dem Konzept von BELEV auszurichten und zahlreiche Verbesserungsideen für den betrieblichen Kontext zu gewinnen.

Das Spiel zum Konzept „BELEV – Gesundes Arbeiten gestalten" unterstützt die Gestaltung gesunden Arbeitens im betrieblichen Kontext, indem es die Prinzipien für gesundes Arbeiten und ihre Anwendung in den relevanten Handlungsfeldern vermittelt. Es sollen Lernprozesse in mehrfacher Hinsicht initiiert werden, damit

1. möglichst viele betriebliche Akteure die Prinzipien gesunden Arbeitens kennen, im Kontext ihrer Verantwortung beachten, in ihre eigene Haltung integrieren und das eigene Verhalten durch sie bestimmen lassen können.

2. alle Elemente der Organisation so von dem Konzept geprägt sind, dass die Prinzipien gesunden Arbeitens für die verschiedenen Handlungsebenen systematisch reflektiert und dadurch zielführende Verbesserungen erkannt und umgesetzt werden.

Das Spiel beinhaltet unterschiedliche Teile, die in verschiedenen Zusammensetzungen oder auch einzeln erworben werden können. Je nach Spielvariante werden nicht alle Teile benötigt.

Das Spiel kann in unterschiedlichen Kontexten und für verschiedene Zielgruppen verwendet werden:

● Im Rahmen von Schulungen lernen Führungskräfte und Mitarbeitende mithilfe des Spiels die Grundidee des Konzepts und seinen theoretischen Hintergrund kennen. Dabei geht es darum, die Grundlagen des Konzepts zu erfassen und diese konkret auf die eigene Arbeitssituation anzuwenden.

● Im betrieblichen Alltag hilft das Spiel einer einzelnen Person, in der Regel einer Führungskraft, die konkrete Anwendung der Prinzipien auf die Handlungsfelder im Auge zu behalten, indem es immer wie-

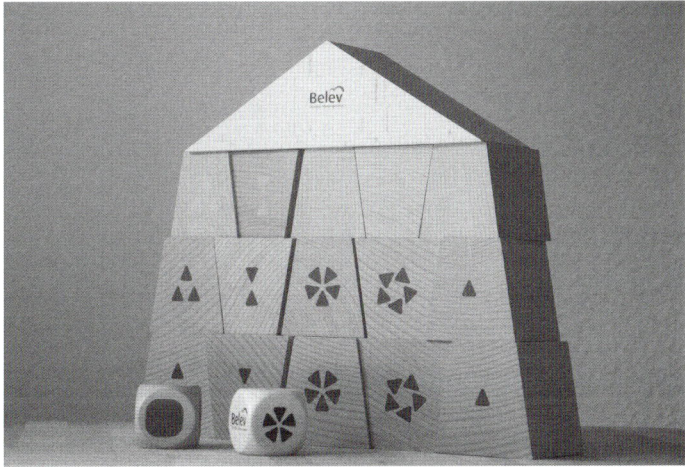

Abb. 28: Die Spielsteine aus Holz repräsentieren bei BELEV – Das Spiel die fünfzehn Felder der Matrix. Sind alle Steine zusammengesetzt, bildet das Dach den oberen Abschluss. Die zwei Würfel dienen zur zufälligen Auswahl der Felder, was bei einigen Versionen des Spiels nötig ist.

der Impulse gibt, relevante Verbesserungspotenziale zu erkennen und entsprechende Maßnahmen umzusetzen. Das Spiel unterstützt damit eine langfristige Gestaltung gesunden Arbeitens.

● Ebenso unterstützt das Spiel ein Team im Rahmen der alltäglichen Arbeit, die Prinzipien gesunden Arbeitens gemeinsam zu bearbeiten. Dadurch können sowohl Impulse zur Gestaltung der Arbeit als auch Hinweise für das eigene Verhalten gewonnen werden.

Das Spiel kann über die Werkstätten für behinderte Menschen der BruderhausDiakonie bezogen werden. Kontaktdaten und Bestellmöglichkeiten sind unter www.bruderhausdiakonie-werkstätten.de und unter www.belev.de verfügbar.

7.4 Erfahrungsraum der Praxisbeispiele

Im Rahmen des Projekts „Chronos – den demografischen Wandel gestalten" haben elf Einrichtungen und Dienste das Konzept „BELEV – Gesundes Arbeiten gestalten" umgesetzt. Die im Leitfaden geschilderten Umsetzungsbeispiele und Praxistipps entstammen diesen Unternehmen:

● ABQ Rems-Murr GmbH, Winnenden
● Altenhilfe Bodensee/Oberschwaben (BruderhausDiakonie)
● Diakonie Stetten
● Diakonische Jugendhilfe Heilbronn
● Diakoniestation Blaufelden
● Dienste für Kinder, Jugendliche und Familien in Stuttgart (Evangelische Gesellschaft, Stuttgart)
● Evangelischer Diakonieverein Sindelfingen
● Jugendhilfeverbund Rodt (BruderhausDiakonie)
● Mariaberg – Fachkliniken
● Samariterstift Obersontheim (Samariterstiftung)
● Stiftung Jugendhilfe aktiv, Stuttgart

Unabhängig vom Projekt „Chronos – den demografischen Wandel gestalten" sind derzeit weitere Einrichtungen dabei, das Konzept umzusetzen oder bereiten die Umsetzung vor.

7.5 Arbeitsgruppe für die Entwicklung von BELEV

Das Konzept „BELEV – Gesundes Arbeiten gestalten" wurde in einer Arbeitsgruppe unter Leitung des Autors dieses Leitfadens im Rahmen des Projekts „Chronos – den demografischen Wandel gestalten" entwickelt. Die im Folgenden aufgeführten, beteiligten Akteure engagierten sich im Rahmen ihrer Tätigkeit in diakonischen Einrichtungen und Diensten:

Frank Feinauer, Diakoniestation Blaufelden
Elke Finkbeiner, Samariterstiftung
Elke Haas, Karlshöhe Ludwigsburg
Martina Künstner, Diakonisches Werk Württemberg
Martina Lovercic, Mariaberg
Lena Marr, Diakoniestation Blaufelden (Praktikantin)
Ulrich Metzger, Diakonie Stetten
Thomas Nehr, Diakonie ambulant Murrhardt
Dorothee Schad, BruderhausDiakonie
Ursula Schmidt-Reuter, Stiftung Jugendhilfe aktiv
Roman Wettschereck, BruderhausDiakonie (Praktikant)
Harald Wundel, Philadelphia-Verein

Die Arbeitsgruppe hat sich von März 2010 bis Juli 2012 insgesamt zu 16 Sitzungen getroffen. Den ebenso anregenden wie angeregten Diskussionen in dem offenen Entwicklungsprozess und dem großen Engagement der beteiligten Akteure sind das Konzept und damit auch der Inhalt des Leitfadens zu verdanken.

8. Literatur

Antonovsky, A. 1997: Salutogenese. Zur Entmystifizierung der Gesellschaft, Tübingen.

Bengel J./ Strittmatter R./Willmann H. 2001: Was erhält Menschen gesund. Antonovskys Modell der Salutogenese – Diskussionsstand und Stellenwert, Bundeszentrale für gesundheitliche Aufklärung (BZgA) (Hrsg.), Köln.

BKK-Bundesverband (Hrsg.) 2011: BKK Gesundheitsreport 2011. Zukunft der Arbeit, Essen.

BZgA (Hrsg.) 2005: Gesundheitsförderung durch Lebenskompetenzprogramme in Deutschland. Grundlagen und kommentierte Übersicht, Köln.

Destatis (Hrsg.) 2009: Bevölkerung Deutschlands bis 2060. 12. koordinierte Bevölkerungsvorausberechnung, Wiesbaden.

Friczewski, F. 2010: Partizipation im Betrieb. Gesundheitszirkel & Co., in: Faller, G. (Hrsg.): Lehrbuch Betriebliche Gesundheitsförderung, Bern, S. 149–155.

Fuchs, J./Söhnlein, D./Weber, B. 2010: Projektion des Arbeitskräfteangebots bis 2050. Rückgang und Alterung sind nicht mehr aufzuhalten, in: IAB Kurzbericht 16/2010, S. 1–8.

Gregersen, S./Kuhnert, S./Zimber, A./Nienhaus, A. 2011: Führungsverhalten und Gesundheit – Zum Stand der Forschung, in: Das Gesundheitswesen, Jg. 73, H. 1, S. 3–12.

Gröben, F. 1999: Praxis betrieblicher Gesundheitsförderung: Maßnahmen und Erfahrungen – ein Querschnitt, Berlin.

Hackmann, T. 2010: Arbeitsmarkt Pflege: Bestimmung der künftigen Altenpflegekräfte unter Berücksichtigung der Berufsverweildauer, in: Sozialer Fortschritt, H. 9, S. 235–244.

Hofmann, H. 2010: Wege zum gesunden Unternehmen. Gesundheitskompetenz entwickeln, Bielefeld.

Huber, S. 2010: Betriebliches Gesundheitsmanagement und Personalmanagement, in: Esslinger, A./Memmert, M./Schöffski, O. (Hrsg.): Betriebliches Gesundheitsmanagement. Mit gesunden Mitarbeitern zu unternehmerischem Erfolg, Wiesbaden, S. 67–87.

Matyssek, A. K. 2009: Führung und Gesundheit. Ein praktischer Ratgeber zur Förderung der psychosozialen Gesundheit im Betrieb, Norderstedt.

Meifert, M. T./Kesting, M. (Hrsg.) 2004: Gesundheitsmanagement im Unternehmen. Konzepte, Praxis, Perspektiven, Berlin.

Meifert, M. T./Kesting, M. 2004: Gesundheitsmanagement – Ein unternehmerisches Thema?, in: dies. (Hrsg.): Gesundheitsmanagement im Unternehmen. Konzepte, Praxis, Perspektiven, Berlin, S. 3–14.

Moldaschl, M. 2010: Widersprüchliche Arbeitsanforderungen. Ein nichtlinearer Ansatz zur Analyse von Belastung und Bewältigung in der Arbeit, in: Faller, G. (Hrsg.): Lehrbuch Betriebliche Gesundheitsförderung, Bern, S. 82–94.

Münch, E./Walter, U./Badura, B. 2004: Führungsaufgabe Gesundheitsmanagement – Ein Modellprojekt im öffentlichen Sektor, Berlin.

Naidoo, J./Wills., J. 2010: Lehrbuch der Gesundheitsförderung, 2. Aufl., Amberg.

Nieder, P. 2010: Die Rolle der Vorgesetzten im Betrieblichen Gesundheitsmanagement, in: Faller, G. (Hrsg.): Lehrbuch Betriebliche Gesundheitsförderung, Bern, S. 121–127.

Richter, G. 2010: Belastungen sind neutral! Das Belastungs-Beanspruchungsmodell, in: Faller, G. (Hrsg.): Lehrbuch Betriebliche Gesundheitsförderung, Bern, S. 70–74.

Ruckstuhl, B. 2011: Gesundheitsförderung. Entwicklungsgeschichte einer neuen Public Health-Perspektive, Weinheim.

Schnabel, P.-E. 2007: Gesundheit fördern und Krankheit prävenieren. Besonderheiten, Leistungen und Potentiale aktueller Konzepte vorbeugenden Versorgungshandelns, Weinheim.

Singer, S./Neumann, A. 2010: Beweggründe für ein Betriebliches Gesundheitsmanagement und seine Integration, in: Esslinger, A./Memmert, M./Schöffski, O. (Hrsg.): Betriebliches Geundheitsmanagement. Mit gesunden Mitarbeitern zu unternehmerischem Erfolg, Wiesbaden, S. 49–66.

Steinbach, H. 2007: Gesundheitsförderung. Ein Lehrbuch für Pflege- und Gesundheitsberufe, Wien.

Tempel, J./Geißler, H./Ilmarinen, J. 2010: Stärken fördern, Schwächen anerkennen: Der Beitrag der Betrieblichen Gesundheitsförderung für die Erhaltung der Arbeitsfähigkeit von älteren und älter werdenden Mitarbeiterinnen und Mitarbeitern, in: Faller, G. (Hrsg.): Lehrbuch Betriebliche Gesundheitsförderung, Bern, S. 181–189.

Thiehoff, R. 2004: Wirtschaftlichkeit des betrieblichen Gesundheitsmanagement – Zum Return on Investment der Balance zwischen Lebens- und Arbeitswelt, in: Meifert, M. T./Kesting, M. (Hrsg): Gesundheitsmanagement im Unternehmen. Konzepte, Praxis, Perspektiven, Berlin, S. 57–77.